DAILY
法学選書

利用者・

介護保険
サービスの
しくみ

デイリー法学選書編修委員会 [編]

三省堂

はじめに

　介護保険は、介護ニーズの増加と高齢者を支えてきた家族をめぐる状況の変化に対応するため、高齢者の介護などにかかわる負担を社会全体で支援するための保険制度です。介護サービスには、介護給付と予防給付がありますが、程度の差はあれ、高齢になると誰でも必要になります。また、利用者の増加により社会の状況は変化するため、一定の時期に制度の見直し・改善が行われています。

　残念なことに、介護保険制度は、複雑で、決してわかりやすい制度とはいえません。せっかく、多様な介護ニーズにこたえられる制度を創設しても、制度を使いこなせなければ、ニーズに合ったサービスの提供はできません。介護の現場では、介護を受ける者やその家族、介護職員やケアマネジャー、行政機関など、さまざまな人が介護にかかわります。それぞれの立場により必要とされる知識は異なりますが、適切に介護サービスを提供し、ニーズに合った介護サービスを受けるためには、それぞれが介護保険制度の基本について、幅広く理解しておく必要があります。

　本書は、介護保険制度の基本的なしくみから介護サービスを利用するための手続き、サービスの内容までをわかりやすく解説した入門書です。

　介護サービスと障害福祉サービスを1つの事業所で受けることができるようにする共生型サービス・介護医療院の創設などを規定した2018年の介護制度改正や、2019年10月に改定された介護報酬の基本報酬にも対応しています。

　本書を広く、皆様のお役に立てていただければ幸いです。

デイリー法学選書編修委員会

Contents

第3章　介護サービス事業者が知っておくべきこと

第4章　介護サービスの内容

第5章　その他知っておきたい関連事項

第1章

介護保険の全体像

図解 介護サービスの種類

介護サービスの種類

介護保険の給付として提供されるサービスは、要介護者に対する「介護給付」と、要支援者に対する「予防給付」に分類できます。
利用者のニーズに合わせて、居宅介護などのさまざまなサービスが用意されています。

● 主な介護給付の種類

都道府県が指定するサービス　　　　　　　　　　　サービスを担う事業所など

居宅サービス ──────── **居宅サービス事業所**

訪問介護	訪問入浴介護	訪問看護	訪問リハビリテーション
居宅療養管理指導	通所介護	通所リハビリテーション	
短期入所生活介護	短期入所療養介護	特定施設入居者生活介護	
福祉用具貸与	特定福祉用具販売		

施設サービス ──────── **介護保険施設**

介護老人福祉施設	介護老人保健施設	介護療養型医療施設	介護医療院

市町村が指定するサービス

地域密着型サービス ──────── **地域密着型サービス事業所**

定期巡回・随時対応型訪問介護看護	夜間対応型訪問介護
地域密着型通所介護	認知症対応型通所介護
小規模多機能型居宅介護	認知症対応型共同生活介護
地域密着型特定施設入居者生活介護	地域密着型介護老人福祉施設入所者生活介護
看護小規模多機能型居宅介護	

居宅介護支援 ──────── **居宅介護支援事業所**

● 主な予防給付の種類

都道府県が指定するサービス　　　　　　　　サービスを担う事業所など

介護予防サービス ──── **介護予防サービス事業所**

介護予防訪問入浴介護　　　　　介護予防訪問看護
介護予防訪問リハビリテーション　介護予防居宅療養管理指導
介護予防通所リハビリテーション　介護予防短期入所生活介護
介護予防短期入所療養介護　　　介護予防特定施設入居者生活介護
介護予防福祉用具貸与　　　　　特定介護予防福祉用具販売

市町村が指定するサービス

介護予防支援 ──── **介護予防支援事業所**

地域密着型介護予防サービス ──── **地域密着型介護予防サービス事業所**

介護予防認知症対応型通所介護　　介護予防小規模多機能型居宅介護
介護予防認知症対応型共同生活介護

介護サービスの給付手続き

介護サービスの利用を希望する人は、厚生労働省令で定められている要介護あるいは要支援状態に該当する必要があります。そこで、介護サービスの利用を希望する介護保険の被保険者が、要介護認定の申請を行い、審査を経て認定を受けることになります。

● 介護サービスの給付手続き

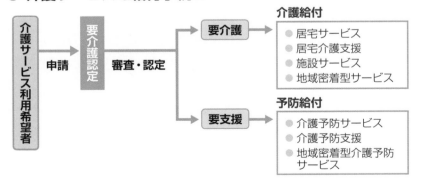

1 介護保険制度とは

なぜ介護保険制度ができたのか

　介護保険とは、高齢者の介護などにかかわる負担を社会全体で支援するための保険制度です。介護保険によって、介護が必要な高齢者が少ない負担で、自立した日常生活を送ることができます。

　具体的には、日常生活を送る上で介護や支援が必要と認定された要介護者などが、介護サービス提供事業者から介護サービスを受けたときの費用について、保険者である市町村が一定割合を負担します。市町村が負担するための資金は、介護保険に加入している被保険者が支払う保険料や税金などによりまかなわれています。

　高齢者に対する福祉政策は、介護保険制度が最初ではありません。1963年に老人福祉法が制定されました。これが高齢者に対する最初の福祉政策といわれています。このとき、総人口に占める高齢者の割合（高齢化率）は5.7%にすぎませんでした。

　その後、高齢者の増加などにより、社会の状況が大きく変化しました。2018年の時点で、65歳以上の高齢者人口は3,558万人となり、高齢化率は28.1%となりました。今後も高齢化は進み、2025年には高齢者人口が3,677万人、高齢化率は30%になると考えられています。

　高齢化は、医療技術の発展が原因のひとつとされています。医療技術の進化は、さまざまな病を治癒することを可能にし、今まで救えなかった命を救えるようになりました。一方で、長生きが可能となることで、介護期間が長期化するという問題も生じています。

　また、高齢者を支えてきた家族をめぐる状況も変化しました。核家族（夫婦とその未婚の子女からなる家族）化の進行によって、家族で高齢者を介護する人が少なくなっただけでなく、介護する人も高齢に

● 介護保険制度とは

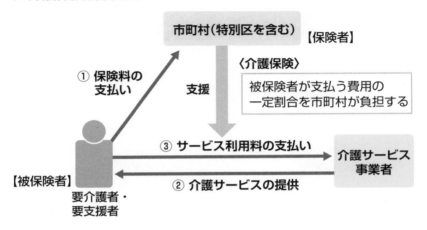

なり、家族内で介護を行うことが難しくなりました。

　高齢者人口の増加や介護期間の長期化により、介護を必要とする要介護者が増えましたが、家族内でそれらの要介護者の世話を行うことも難しい状況になってきたといえます。そこで、高齢者を社会全体で支え合うしくみづくりが必要となり、介護保険制度が創設されました。

■ 介護保険制度の目的

　人は、どのような人生を送るか、生活をするかについて、自ら選択・決定することができます。このような選択・決定は、高齢となっても同様に保障されるべきです。そのためには、高齢者が心身に困難を生じても、自立した生活を送れるように、利用者本位の介護サービスの提供が欠かせません。

　そこで、介護保険制度は、身の回りの世話や高齢者の孤独感の解消など、必要なサービスを適切に提供することで、高齢者の自立を支援することを目的としています。

2 介護保険制度の見直し

■ 3年ごとの見直しがある

　介護保険制度は、介護ニーズの増加と高齢者を支えてきた家族をめぐる状況の変化に対応するため、創設されました。そして、社会の状況はこれからも変化していくことが考えられます。

　介護サービスは、程度の差はあれ、高齢になると誰でも必要になります。つまり、高齢者人口が増加することは、介護保険を利用する者が増加することを意味します。利用者が増加すると、国や被保険者が負担する介護保険給付費も増加します。このように、介護保険制度をめぐる社会の状況は変化していきます。そこで、介護保険制度が社会の変化に対応するためには、一定の時期に制度の見直し・改善をする必要があります。

　介護保険法附則2条では、介護保険法施行後、5年を目安に介護保険制度全般について検討することを規定しています。

　検討すべきとされている事項として、要介護者に保健医療サービス・福祉サービスを提供している事業者がどのような地域に多いか、どういった運営をしているか、などがあります。また、負担する保険料の増加や介護保険給付を抑えるために保険給付を受けられる者の範囲を絞るなど、利用している高齢者の不利益になることにも配慮する必要があります。

　介護保険は社会保険の一部であるため、障害者の福祉に関する施策や医療保険制度などとの整合性を保ちつつ検討される必要があります。そして、その結果に基づいて、制度の必要な見直しがなされます。

　現在では、3年を1期とする市町村介護保険事業計画の見直しに合わせて、制度全般が見直される運用が行われています。介護保険法附

● 制度改正や報酬改定 ……………………………………………

<u>介護保険制度の改正</u> ⇒介護保険法附則では「5年」を目安に
改正されることが予定されている

【実際には…】 約3年ごとに行われる市町村介護保険事業計画の
見直しに合わせて、制度全般が見直されている

<u>連 動</u>

<u>介護報酬も改定される</u> ※介護報酬に関してはより頻繁に改定されて
いるのが実情

則の「5年」を待たずに、「3年」ごとに制度の見直しが実施されて
いるのです。

▌ どんな制度改正を行うのか

　介護事業者の中には、不正に介護報酬を受け取るなど、保険制度を
悪用する例が少なくありません。そこで、介護保険サービスの適切な
運営を確保するために、規制を見直す改正がたびたび行われています。
具体的には、不正行為などに対する行政の検査権限の創設などが規定
されました。また、介護保険サービスの利用者には、さまざまな状況
に置かれている人がいます。それらの人のニーズに対応するためには、
介護保険サービスを含めて、さまざまなサービスを総合的に提供する
しくみづくりを行う制度改正も必要になります。具体的には、24時
間対応可能な定期巡回・随時対応サービスや、看護小規模多機能型居
宅介護などの、複数のサービスを組み合わせて利用することができる
サービスが整えられました。

　介護保険サービスに限らず、社会保障費の増大により国家予算が逼
迫しているという事情もあるため、高所得者に対しては、従来よりも
自己負担額を増加するという措置もとられています。

3 介護保険の保険者と 被保険者

保険者とは

　介護保険の保険者は、全国の市町村と特別区です。また、いくつかの市町村が集まって広域連合と呼ばれる保険者団体を設置している場合には、広域連合も保険者となります。

　介護保険者の役割は、被保険者の資格管理、介護保険料の徴収、要介護認定や介護保険の給付など多岐にわたります。それらに関する事務を保険者が行っています。被保険者の資格管理に関する事務では、被保険者台帳を作成したり、被保険者証の発行や更新を行っています。また、介護保険の給付に関する事務では、高額介護サービス費の支給や福祉用具の購入費・住宅改修費の支給などを行っています。

　介護保険者は、介護サービス費用の7〜9割を給付するとともに、公費5割と被保険者が負担する保険料5割の財源をもとに、介護保険の財政運営も行っています。また、介護保険の保険給付を円滑に実施していくために、介護保険事業計画を3年ごとに策定し、介護保険料の設定や介護サービスの基盤整備なども行っています。

　安定した介護保険事業の運営ができるように、国や都道府県、医療保険者などが保険者である市町村を重層的に支えています。

被保険者とは

　介護保険の被保険者は、日本国内に住所がある40歳以上のすべての者が対象となっており、年齢によって以下の2つの区分に分類されています。

　まず、市町村内に住民登録のある65歳以上の者を第1号被保険者といいます。第1号被保険者は、65歳になると介護保険被保険者証

● 介護保険の保険者と被保険者 ·····················

保険者：全国の市町村と特別区（広域連合の場合もある）

【主な事務】
- ・被保険者の資格管理（被保険者台帳の作成、被保険者証の発行・更新）
- ・介護保険料の徴収　・要介護認定
- ・介護保険の給付に関する事務（高額介護サービス費の支給、福祉用具の購入費・住宅改修費の支給など）

被保険者：日本国内に住所がある 40 歳以上のすべての者が対象

第1号被保険者	市町村内に住民登録のある 65 歳以上の人
	⇒介護原因を問わず、介護が必要と認定されれば、介護保険を利用することができる
第2号被保険者	市町村内に住民登録のある 40 歳以上 65 歳未満の人で、健康保険、国民健康保険などに加入している人
	⇒特定疾病により介護が必要になったと認定された場合に限り介護保険を利用できる

が発行され、介護原因を問わず介護が必要と認定されると、介護保険を利用することができます。第1号被保険者の保険料は、原則として受給する公的年金から天引き（特別徴収）となり、65歳になった月から徴収が開始されます。

次に、市町村内に住民登録のある40歳以上65歳未満の人で、医療保険制度（健康保険、国民健康保険など）に加入している者を第2号被保険者といいます。第2号被保険者は、第1号被保険者と違い、特定疾病（主に加齢が原因とされる病気）により介護が必要になったと認定された場合に限り、介護保険を利用することができます。また、介護保険被保険者証も発行されません。第2号被保険者の保険料については、それぞれの被保険者が加入している医療制度の保険料と一体的に徴収され、40歳になった月から徴収が開始されます。第1号被保険者も第2号被保険者も、海外移住などにより市町村内に住所をも

たなくなった場合には、被保険者の資格を喪失します。

　なお、日本に滞在する外国人についても、適法に3か月を超えて在留する場合は住民登録の対象となるため、日本人と同じく、40歳以上の外国人は介護保険の被保険者となります。これにより、同じ要件で介護サービスを受けることができる一方で、介護保険料も同様に納めなければなりません。

■ 被保険者になれない人もいる

　介護保険の被保険者は、原則として40歳以上の日本に住所があるすべての者が対象となりますが、以下に挙げるような一部の人は介護保険の被保険者になることができません。

　まず、医療保険に加入していない40歳以上65歳未満の生活保護受給者が挙げられます。生活保護受給者は国民健康保険の被保険者ではないため、第2号被保険者の要件である「医療保険制度への加入」を充たすことができず、介護保険の第2号被保険者となることができません。この場合は、介護保険を適用せず、生活保護の介護扶助により、介護サービスを利用することができます。65歳以上の生活保護受給者は介護保険が優先して適用されるため、第1号被保険者となります。サービス利用料の自己負担分（1割）については、生活保護の介護扶助により給付がなされ、介護保険料についても生活保護の生活扶助から給付されます。

　次に、障害者支援施設や救護施設などの介護保険適用除外施設に入所や入院をしている場合も、被保険者にはなりません。長期にわたる入所により介護サービスを受ける可能性が低いことや、すでにその施設で別の介護サービスの提供を受けていると考えられているためです。

　なお、生活保護受給者も適用除外施設へ入所している人も、その要件に該当しなくなったときは、市町村や医療保険者などで所定の手続きを行って、介護保険の被保険者となります。

保険料は誰が徴収するのか

　介護保険料の徴収者や徴収方法は、被保険者の区分によって異なります。

　第１号被保険者の介護保険料は、介護保険の保険者である市町村または特別区、広域連合を設置している場合は広域連合が徴収します。徴収方法は、第１号被保険者が受給している公的年金から天引きをする「特別徴収」と、納付書や口座振替などにより被保険者から直接徴収する「普通徴収」の２種類があります。

　第１号被保険者の保険料は特別徴収が原則となっており、公的年金の支給のタイミングに合わせて、通常２か月に１回介護保険料の徴収が行われています。介護保険料の額は３年ごとに財政の均衡を考慮して見直しが行われ、被保険者の世帯収入などに応じて、それぞれの被保険者が負担する保険料の額が計算されます。

　第２号被保険者の介護保険料は、それぞれの被保険者が加入している医療保険者が徴収します。第２号被保険者のうち、国民健康保険に加入している被保険者の介護保険料は、国民健康保険の保険料に上乗せした形で徴収されます。介護保険料の額は個々の所得と被保険者数などによって計算されています。

　第２号被保険者のうち、全国健康保険協会（協会けんぽ）、健康保険組合、共済組合などに加入している被保険者の介護保険料については、毎月の給与から天引きされます。この場合の介護保険料は、標準報酬月額に介護保険料率を掛けることによって計算され、労働者と会社がそれぞれ半分ずつを負担します。標準報酬月額とは４〜６月に支給された給与の平均のことです。また、介護保険料率は、加入している医療保険によって異なり、被保険者の報酬合計が高い医療保険者ほど納付する保険料（介護納付金）の負担が大きくなります。

4 介護給付と介護予防給付

利用できるサービスはどのようになっているのか

　介護保険で利用できるサービスは、要介護の区分によって異なります。要介護度は7段階に分類されており、要介護1〜5と認定された場合は「介護給付」を、要支援1〜2と認定された場合は「介護予防給付」をそれぞれ受けることができます。

　介護サービスの種類は、自宅で暮らしながら受けることのできる「居宅サービス」、介護保険施設に入所して利用する「施設サービス」、市町村が運営するその地域の住民だけを対象とする「地域密着型サービス」に大きく分けることができます。これらの介護サービスを組み合わせて利用することで、利用者の要介護状態の悪化防止や改善をめざしていきます。

　介護サービスを利用すると、費用の一部は自己負担となります。その自己負担額は所得によって異なり、これまでは1〜2割の負担でしたが、2018年の法改正により、3割負担となる人もいます。また、介護サービスは自己負担額を支払えばいくらでも利用できるというものでもありません。1か月あたりの支給限度額は要介護度に応じて決まっているため、その範囲内でケアプランを立ててサービスを利用することになります。

サービスによって指定・監督する自治体が違う

　介護保険を指定・監督する自治体は、介護サービスの種類によって違ってきます。介護サービスのうち、居宅サービスと施設サービスは都道府県（政令市や中核市を含む）が事業所指定や指揮監督を行います。それに対し、地域密着型サービスでは市町村が事業所指定と指揮

● 介護給付と予防給付 ……………………………………………

対象者			介護給付 要介護１～５	介護予防給付 要支援１～２
サービスの種類	居宅サービス	訪問サービス	訪問介護	
			訪問入浴介護	介護予防訪問入浴介護
			訪問看護	介護予防訪問看護
			訪問リハビリテーション	介護予防訪問リハビリテーション
			居宅療養管理指導	介護予防居宅療養管理指導
		通所サービス	通所介護	
			通所リハビリテーション	介護予防通所リハビリテーション
		短期入所サービス	短期入所生活介護	介護予防短期入所生活介護
			短期入所療養介護	介護予防短期入所療養介護
		特定施設入居者生活介護		介護予防特定施設入居者生活介護
	施設サービス			
	地域密着型サービス			地域密着型介護予防サービス
	居宅介護支援			介護予防支援

監督を行います。

　2015 年の法改正では、地域との連携や運営の透明性を確保するために、都道府県が行っていた通所介護のうち、小規模な通所介護事業所の指定・監督権について、市町村が行う地域密着型サービスに移行しました。そして、2018 年の法改正では、市町村の保険者としての機能を強化するため、都道府県にあった居宅介護支援事業所の指定権限を市町村に移譲しています。こうした法改正は、地域住民のニーズを反映しやすくし、より細やかで質の高いサービスを独自に提供できるようにすることを目的として行われています。

▌介護給付におけるサービスとは

　介護給付とは、利用者の要介護状態の悪化を主に防止し、状態の維持・改善を促すための給付です。要介護１～５と認定された者が対象

です。介護給付におけるサービスには大きく「居宅サービス」「施設サービス」「地域密着型サービス」「居宅介護支援」の４つがあります。自宅で受ける介護サービスを「居宅サービス」といい、「訪問サービス」「通所サービス」「短期入所サービス」「特定施設入居者生活介護」に分けることができます。

　訪問サービスには、①訪問介護、②訪問入浴介護、③訪問看護、④訪問リハビリテーション、⑤居宅療養管理指導があります。たとえば、訪問介護では、ホームヘルパーなどに自宅に来てもらい、身の回りの世話などをしてもらうことができます。また、訪問看護や訪問リハビリテーションでは、病気やケガにより自宅療養をしている場合などに、主治医の指示の下、看護師や理学療法士などから医療処置などを受けることができます。

　通所サービスには、①通所介護、②通所リハビリテーションがあります。週に数回施設に通い、食事や入浴の介助などを受けたり、病院や診療所などでリハビリを受けたりすることができます。

　短期入所サービスには、①短期入所生活介護、②短期入所療養介護があります。家族が旅行などに行っている短い期間だけ介護保険施設などに宿泊をして、日常生活上の介護を受けることができます。

　特定施設入居者生活介護は、有料老人ホームなどの特定施設を自宅とみなして、日常生活上の介護を受けることができます。

　次に、要介護者は、介護老人福祉施設（特別養護老人ホーム）や介護老人保健施設などの介護保険施設に入所をして介護サービスを受ける、施設サービスを利用することができます。常時介護が必要であるか、一時的に医療的な支援が必要である場合に入所します。

　さらに、市町村が運営している地域密着型サービスという、その地域の住民だけを対象とした介護サービスがあります。たとえば、一つの事業所から通所を中心として訪問や宿泊のサービスを組み合わせて利用できる「小規模多機能型居宅介護」などが挙げられます。

最後に、居宅介護支援は、居宅サービスや地域密着型サービスの各サービスを組み合わせ、利用者の状態や希望に沿ってケアプランを作成するサービスです。

　この他の介護給付のサービスとして、福祉用具のレンタルや購入、住宅改修の補助などがあります。

介護予防給付におけるサービスとは

　介護予防給付とは、利用者が要介護状態になることを未然に防止することや状態の改善を促すことを目的とした給付です。対象者は要支援1または2と認定された人です。介護予防給付におけるサービスには大きく「介護予防サービス」「地域密着型介護予防サービス」「介護予防支援」の3つがあります。介護給付との大きな違いは「施設サービス」を利用できない点です。また、介護予防サービスのうち、訪問介護や通所介護は、各市町村による「地域支援事業」の中の「介護予防・生活支援サービス事業」へ移行したため、現在では、介護予防給付からは除かれています。

　介護予防給付のサービスは、介護給付のサービスと比べて、要介護状態にならないように予防することを重視している点が異なります。それ以外のサービス内容は同様であるため、介護予防給付サービスの名称には介護給付サービスの名称の頭に「介護予防」がつけられています。たとえば、「介護予防訪問入浴介護」などのようになっています。

　また、介護予防支援は、要支援者を対象にケアプランを作成するサービスです。

　なお、介護予防給付には含まれませんが、介護予防を目的としたものに、要支援者と基本チェックリストに該当する65歳以上の高齢者が利用できる、介護予防・生活支援サービス事業（⇨ P.32）というサービスがあります。

5 介護保険事業計画

▌介護保険事業計画とは

　介護保険事業計画とは、円滑な介護サービスの提供を実施するために、市町村によって作成される計画のことです。

　介護保険事業計画には、基本理念や目標値、介護サービスの種類ごとの量の見込みやその量を確保するための方策、介護サービスの円滑な提供のための事項などが定められます。

　介護保険事業計画を定める際にとくに重要となる事項が、日常生活圏域の設定です。日常生活圏域とは、住民が日常生活を営んでいる地域として定められる範囲（区域）のことです。日常生活圏域は、地理的条件や人口、交通事情などの社会的条件や、介護サービスを提供するための施設整備の状況などを総合的に評価して決められます。たとえば、利用者が地域で日常生活を送る際に、30分以内に介護職員がかけつけることができる範囲を重視し、中学校区を日常生活圏域とする地域があります。他にも、地域活動など行事が小学校区を単位としていることから、日常生活圏域を小学校区単位で定めているところもあります。

　介護保険事業計画は、日常生活圏域を基本とし、介護サービスの種類ごとの必要量、それを確保するための方策、介護サービスの円滑な提供のための事項などを決定していきます。

　介護事業計画の作成は、医療計画や障害者計画など、他の計画との整合性がとれた計画となるようにしなければなりません。また、利用者の意見が反映された計画となるように配慮する必要もあります。

　介護保険事業支援計画は3年を1期として定められます。2018年度から2020年度までが第7期にあたります。

● 介護保険事業計画 ･･･

介護保険事業計画

市町村が定める介護サービスに関する基本理念や目標値、介護サービスの種類ごとの量の見込みやその量を確保するための方策、介護サービスの円滑な提供のための事項など

※介護保険事業支援計画：都道府県が定める介護サービスに関する計画

日常生活圏域の設定 ⇒（例）30 分以内に介護職員がかけつけることができる範囲を重視して決定する　など

日常生活圏域を
基本に設定
- 介護サービスの種類ごとの必要量
- 必要量を確保するための方策
- 介護サービスの円滑な提供のための事項 など

介護保険事業支援計画

　介護保険事業支援計画は、都道府県が作成する介護サービスを実施するための計画です。介護保険事業支援計画も 3 年を 1 期として定められます。介護保険事業支援計画に定める内容は、介護保険施設の種類ごとのサービス量の見込みや生活環境の改善のための事業、情報公開に関する事項、介護従事者の確保や資質向上に関する事項などです。介護保険事業支援計画を定める際に、老人福祉圏域の設定が重要です。老人福祉圏域とは、都道府県が行政を行う範囲（地域）のことです。

両制度と基本指針との関係

　基本指針は、国（厚生労働省）によって定められます。介護サービスを提供するための基本的事項や介護保険事業計画を定める際に標準となる事項などが定められます。市町村や都道府県は基本指針を参照し、各地域に合った計画となるように定めるため、基本指針はガイドラインのような役割をもっています。

6 地域包括ケアシステム

地域包括ケアシステムとは

地域包括ケアシステムとは、介護を必要とする者が、たとえ重度な状態となっても住み慣れた地域で最後まで自分らしい暮らしを続けることができるように、医療・介護などを提供できるようにするシステムです。

地域包括ケアシステムは、団塊の世代が75歳以上となることにあわせて、2025年をメドに構築していくことになっています。

地域包括ケアシステムは、地域の自主性や主体性に基づき、地域の特性に応じて作り上げていくことが必要です。そのため、地域包括ケアシステムは、市町村が中心となって構築されます。

まず、日常生活圏域ニーズ調査などを行い、地域の実体を把握します。具体的には、地域ケア会議を実施し、他の市町村と比較することで、地域におけるニーズなどの量的・質的な分析を行います。このような分析により、高齢者のニーズや住民・地域の課題を明確に把握し、社会資源（地域の医療、保健、福祉関係者、NPO、ボランティアなど）を発掘します。

この課題の把握と社会資源の発掘をもとに、介護保険事業計画を策定します。介護保険事業計画を策定する際には、都道府県との連携や他の医療計画などとの調整を行うことが重要です。また、地域ケア会議と地域課題を共有し、年間事業計画へ反映させます。

策定された介護保険事業計画に基づき、介護サービス、住まい、生活支援・介護予防が実行されます。介護サービスなどの実行において、医療・介護の連携も強化されます。

計画が実施されると、実施結果を調査し、再度分析・検証がなされ

● 地域包括ケアシステム

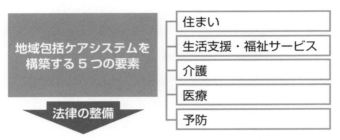

地域包括ケアシステムを構築する5つの要素	住まい
	生活支援・福祉サービス
	介護
	医療
	予防

法律の整備

地域包括ケア強化法

① 自立支援・重度化防止に向けた保険者機能の強化などの取組み推進
⇒ 介護保険事業計画の策定・報奨金の付与など
② 医療・介護の連携の推進
⇒ 介護医療院の創設・都道府県による市町村への情報提供など
③ 地域共生社会の実現に向けた取組みの推進
⇒ 有料老人ホームの入居者保護の強化・介護保険と障害者福祉制度の共生型サービスの創設

ます。そして、再度課題の把握、社会資源の発掘がなされ、介護保険事業計画が見直されていきます。このような一連の流れにより地域包括ケアシステムが実施されています。

地域包括ケアシステムを構築する必要性

厚生労働省の予測によると、65歳以上の高齢者人口は、2025年に3,677万人となり、2045年には3,920万人と、ピークを迎えると考えられています。また、75歳以上の高齢者の全人口に占める割合は増加していき、2055年には、25%を超えると予測されています。

このような高齢者の人口増加が進行すると、従来通りの社会保障が成り立たなくなります。具体的には、2012年の時点では、1人の65歳以上に対して、2.4人の20～64歳の者が支えるしくみとなっています。これが、2050年には、1人の65歳以上に対して、1.2人の20

〜64歳の者で支えなければならなくなります。

　介護保険制度に絞ってみても、介護費用や要介護認定者の数は年々増加傾向にあり、今後さらに増加することが考えられています。

　このような状況の下、高齢者が維持したいと考える生活を保障し、自立した生活を継続させるためには、地域で協力し、包括的に支援・サービス提供体制を構築する必要が生じました。そこで、地域包括ケアシステムが創設されたのです。

どんなことに取り組むのか

　地域包括ケアシステムを構築する上で重要な5つの構成要素があります。①住まい、②生活支援・福祉サービス、③介護、④医療、⑤予防です。

　住み慣れた地域で最後まで人生をまっとうするには、必要な住まいが整備され、本人の希望にかなうものである必要があります。また、高齢者が地域での生活を継続するためには、見守りなどの生活支援・福祉サービスが提供されていなければなりません。これらの日常生活を支える構成要素が保障されて、介護、医療、予防という専門的なサービスが適切に提供されなければなりません。このようにさまざまな機能やサービスが相互に連携を取り合い、高齢者を支えるように構築されています。

　5つの構成要素のさらなる実現のため、2018年4月、地域包括ケア強化法が施行されました。そして、この法律の施行に伴い、介護保険法や医療法、障害者総合支援法など高齢者に関係する複数の法律が改正されました。

　改正の主なポイントは、①自立支援・重度化防止に向けた保険者機能の強化などの取組み推進、②医療・介護の連携の推進、③地域共生社会の実現に向けた取組みの推進の3点です。

① 　自立支援・重度化防止に向けた保険者機能の強化などの取組み推進

具体的には、国から提供されたデータを分析の上、介護保険事業計画を策定したり、財政的インセンティブ付与の規定を整備するなどです。財政的インセンティブとは、市町村が自立支援などを強化したした場合の報奨金の付与などです。

② 医療・介護の連携の推進

　日常的な医学管理や看取りなどの機能と生活施設としての機能を兼ね備えた、新たな介護保険施設（介護医療院）が創設されました。また、医療・介護の連携などに関して、都道府県による市町村に対する必要な情報の提供などの規定も整備されました。

③ 地域共生社会の実現に向けた取組みの推進

　有料老人ホームの入居者保護のための施策を強化することなどが挙げられます。また、介護保険と障害者福祉制度をともに利用することができる共生型サービスが創設されています。

どのように運営されているのか

　地域包括ケアシステムは、地域ケア会議により実現されます。地域ケア会議は、2012年に導入され、2015年に設置・運営が義務付けられています。地域ケア会議は、地域包括支援センターなどが主催しています。地域ケア会議の機能としては、①個別課題解決機能、②ネットワーク構築機能、③地域課題発見機能、④地域づくり・資源開発機能、⑤政策形成機能、があります。具体的には、①自立支援に役立つケアマネジメントの支援、②事業者との連携、地域包括支援ネットワークの構築、③ケア提供者の質やニーズなどの課題の発見、④課題解決方法の確立、⑤課題解決方法の国・都道府県への提案、があります。

　これらの機能は、それぞれが独立してなされるのではなく、各機能がつながり合い、介護事業計画として実行されることで、地域包括ケアシステムとして実現します。

7 共生型サービス

共生型サービスとは

　共生型サービスは、2018 年の介護保険制度改正により創設された
サービスで、介護サービスと障害福祉サービスを 1 つの事業所で受け
ることができるようにする制度です。

　介護サービスは介護保険法が根拠法となっており、障害福祉サービ
スは障害者総合支援法を根拠法にしていることから、介護サービスと
障害福祉サービスは、明確に分けられています。一方で、障害者が高
齢化するケースも増えており、両方のサービスを受けることができる
場合もあります。その場合、原則として介護サービスが障害福祉サー
ビスに優先するとされ、65 歳以上の者は介護サービスを受け、65 歳
未満の者は障害福祉サービスを受けることになります。

　そうすると、たとえば、障害福祉サービスの居宅介護を利用してい
た障害者が 65 歳を超えると、介護サービスの訪問介護を利用しなけ
ればなりません。このような制度では、65 歳になったとたんに、利
用し続けたなじみの事業者によるサービスが別の事業者に交替するこ
とになってしまい、利用者にとって不利益なものになりかねません。

　また、介護サービスと障害福祉サービスには、類似しているサービ
スがあります。たとえば、介護サービスの訪問介護や障害福祉サービ
スの居宅介護などです。これらの類似したサービスを事業者が提供し
ようとすると、制度が異なることから、介護サービスを提供するため
には介護保険法に基づく指定、障害福祉サービスを提供するためには
障害者総合支援法に基づく指定を受けなければなりません。人口減少
が進む日本において、介護サービスと障害福祉サービスについて別々
に職員を確保することは困難です。

● 共生型サービス ･･

| 利用者 | 介護サービス
障害福祉サービス
共生型サービス | 事業所 |

対象サービス：

①ホームヘルプサービス
②デイサービス　　　③ショートステイ
④それらを組み合わせて一体的に提供するサービス

ホームヘルプ サービス	【介護サービス】訪問介護 【障害福祉サービス】居宅介護・重度訪問介護
デイサービス	【介護サービス】通所介護 【障害福祉サービス】生活介護、自立訓練
ショートステイ	【介護サービス】短期入所生活介護 【障害福祉サービス】短期入所

　そこで、共生型サービスが創設されました。共生型サービスは、利用者にとって、利用し続けたなじみの事業所を使い続けられるメリットがあります。また、事業者にとっては、障害福祉サービスと介護サービスのどちらかを提供している事業者がもう一方のサービスの指定を受けやすくなるというメリットがあります。

どんなサービスが対象になるのか

　共生型サービスの対象となるサービスは、①ホームヘルプサービス、②デイサービス、③ショートステイ、④「通い・訪問・泊り」といったサービスの組み合わせを一体的に提供するサービス、の４つです。たとえば、ホームヘルプサービスは、介護サービスの訪問介護と障害福祉サービスの居宅介護・重度訪問介護のことです。

8 地域支援事業による サービス

地域支援事業とは

　地域支援事業とは、要支援・要介護状態となる前からの介護予防を推進し、地域における包括的・継続的なマネジメントを強化するための事業です。

　介護サービスは、要支援・要介護状態に対してなされるものですが、要支援・要介護状態になる前から介護予防を行うことが重要です。また、要支援者・要介護者が住み慣れた地域において自立した日常生活を営むためには、地域において提供されているサービスに関連するマネジメント機能を強化する必要があります。そこで、地域支援事業が創設されました。

どんな種類や特長があるのか

　地域支援事業には、①介護予防・日常生活支援総合事業、②包括的支援事業、③任意事業の３つの種類の事業があります。

　①介護予防・日常生活支援総合事業とは、地域で介護予防と生活支援のサービスを提供する事業です。介護予防・日常生活支援総合事業は、さらに、ⓐ介護予防生活支援サービス事業、ⓑ一般介護予防事業に分けられます。ⓐ介護予防生活支援サービス事業の対象者は、要支援者に相当する者です。要支援者に相当する者とは、要支援認定を受けた者または要支援者に相当する状態と認められる者のことです。ⓑ一般介護予防事業は、第１号被保険者のすべての者やその支援のための活動にかかわる者を対象としています。

　②包括的支援事業は、総合的に地域のケアマネジメントを支援する事業です。地域包括支援センターを設置して実施する事業などが含ま

● 地域支援事業とは ･･････････････････････････････････････

地域支援事業

①介護予防・日常生活支援総合事業：介護予防と生活支援の
サービスを提供する事業

- ⓐ介護予防生活支援サービス事業⇒要支援者に相当する者が対象
- ⓑ一般介護予防事業⇒第１号被保険者やその支援のための活動
  にかかわる者が対象

②包括的支援事業：総合的に地域のケアマネジメントを支援する
事業

③任意事業：市町村の裁量で地域の実情に応じたサービスを提供する
事業

〈地域支援事業の運営〉地域包括支援センターが中心的な役割を担っている

れます。

③任意事業は、市町村の裁量で地域の実情に応じたサービスを提供する事業です。

■ どのように運営されているのか

地域支援事業の運営においては、地域包括支援センターが中心的な役割を担っています。地域包括支援センターとは、市町村が設置主体となり、地域の住民を包括的に支援することを目的とする施設です。

地域包括支援センターは、住民の健康や生活の安定のために必要な援助を行います。また、保健師・社会福祉士・主任介護支援専門員などを配置しています。

地域包括支援センターが行う業務には、介護予防ケアマネジメント、包括的・継続的ケアマネジメント支援業務、権利擁護業務、総合相談支援業務などがあります。たとえば、要支援の介護予防ケアプランの作成、地域のケアマネジャーに対する相談・助言・指導、関係機関とのネットワークづくり、虐待の有無のチェックなど多岐にわたります。地域包括支援センターの機能強化のため、市町村や都道府県によるバックアップ体制が整備されています。

9 介護予防・日常生活支援総合事業

どんな制度なのか

　介護予防・日常生活支援総合事業とは、市町村が中心となり、地域の実情に応じて多様な介護予防と生活支援のサービスを提供する事業です。

　住み慣れた地域で健康に過ごし続けるためには、要介護状態になる前の段階から予防に力を入れた支援を受ける必要があります。介護予防・日常生活支援総合事業は、要介護状態になる前のサービスを充実させるために創設されました。多様なサービスの提供や、今まではサービスを利用できなかった高齢者も利用できるようにした制度設計になっていることが特徴です。

　多様なサービスが充実し、利用する高齢者が増えると、それらを担う介護者も増やさなければなりません。そのため、介護予防・日常生活支援総合事業では、地域住民や資格のない労働者が担えるように指定基準などの緩和も行われています。

　介護予防・日常生活支援総合事業には、介護予防・生活支援サービス事業と一般介護予防事業があります。これらは対象者が異なります。介護予防・生活支援サービスでは、要支援者に相当する者が対象となります。

　要支援に相当する者とは、要支援認定を受けた者か、または要支援者に相当する状態と認められる者です。要支援者に相当する状態か否かは、基本チェックリストにより判断します。

　基本チェックリストとは、市町村や地域包括支援センターが、支援が必要であると相談に来た者に対して、簡便にサービスにつなぐために使用する確認票のことです。基本チェックリストに該当することで、

● 介護予防・日常生活支援総合事業とは ……………………

介護予防・日常生活支援総合事業	介護予防・生活支援サービス事業	
	訪問型サービス	掃除、洗濯などの日常生活上の支援
	通所型サービス	機能訓練や集いの場などで日常生活上の支援
	その他の生活支援サービス	栄養改善を目的とした配食など
	介護予防ケアマネジメント	ケアマネジメント
	一般介護予防事業	
	介護予防把握事業	支援を必要とする者の把握など
	介護予防普及啓発事業	介護予防活動の普及・啓発
	地域介護予防活動支援事業	住民主体の介護予防活動の育成・支援
	一般介護予防事業評価事業	一般介護予防事業の評価
	地域リハビリテーション活動支援事業	リハビリ専門職などによる助言など

要支援者に相当する者となります。

　一般介護予防事業の対象者は、第1号被保険者のすべての者と第1号被保険者の支援のための活動に関わる者です。

　介護予防・生活支援サービス事業と一般介護予防事業は、事業の内容も異なります。介護予防・生活支援サービス事業は、①訪問型サービス、②通所型サービス、③その他の生活支援サービス、④介護予防ケアマネジメントに分類できます。それらの分類の中で、市町村など地域の実情に合わせ、比較的自由に事業内容を決定することもできます。一般介護予防事業は、ⓐ介護予防把握事業、ⓑ介護予防普及啓発事業、ⓒ地域介護予防活動支援事業、ⓓ一般介護予防事業評価事業、ⓔ地域リハビリテーション活動支援事業に分類できます。

▌訪問型サービスとは

　訪問型サービスとは、利用者に対して、掃除、洗濯などの日常生活

上の支援を提供する事業です。訪問型サービスは、現行の訪問介護と同様のサービスとその他のサービスに分けることができます。

現行の訪問介護と同様のサービスでは、訪問介護員により、身体介護や生活援助が行われます。

その他のサービスは、①雇用労働者が行う緩和した基準によるサービス、②住民主体の支援、③短期集中予防サービス、④移動支援に分類できます。①は洗濯・掃除を中心とした生活援助、②は住民主体の自主活動として行う生活援助など、③は保健師などによる居宅での相談支援など、④は移送前後の生活支援をサービスの内容としています。

通所型サービスとは

通所型サービスとは、利用者に対して、機能訓練や集いの場などで日常生活上の支援を提供する事業です。通所型サービスは、現行の通所介護と同様のサービスと、その他のサービスに分けることができます。

現行の通所介護と同様のサービスは、生活機能の向上のための機能訓練などを内容とします。

その他のサービスは、①雇用労働者が行う緩和した基準によるサービス、②住民主体による支援、③短期集中予防サービスに分類できます。①はミニデイサービス（簡易な通所介護）や運動など、②は運動などの活動や、自主的な通いの場など、③は生活機能を改善するための運動器の機能向上や栄養改善などのプログラムを内容とします。

その他の生活支援サービス

その他の生活支援サービスは、ⓐ栄養改善を目的とした配食や、ⓑ住民ボランティアなどが行う見守り、ⓒ訪問型サービス、通所型サービスに準じる生活支援からなります。

生活支援サービスは、原則として地域ごとに提供されます。厚生労働省の指針では、生活支援サービスの提供範囲について自治会単位、

小学校区単位、市町村単位の範囲を想定しています。

介護予防ケアマネジメント

　介護予防ケアマネジメントとは、利用者に対して、総合事業による
サービスなどが適切に提供できるようケアマネジメントする事業です。
介護予防ケアマネジメントは地域包括支援センターが提供します。具
体的には、基本チェックリストによる、高齢者に対するスクリーニン
グ（総合事業の対象者であるかどうかの判定）を行います。これを一
次アセスメントといいます。そして、介護予防ケアプランを作成し、
利用者に適切にサービスが提供されるようにします。また、総合事業
によるサービスの提供後の再アセスメント、事業評価なども行います。

一般介護予防事業とは

　一般介護予防事業には、前述のとおり①介護予防把握事業、②介護
予防普及啓発事業、③地域介護予防活動支援事業、④一般介護予防事
業評価事業、⑤地域リハビリテーション活動支援事業があります。

　①介護予防把握事業は、収集した情報などの活用により、閉じこも
りなどの何らかの支援を必要とする者を把握し、介護予防活動へつな
げる事業です。

　②介護予防普及啓発事業は、介護予防活動の普及・啓発を行う事業
です。

　③地域介護予防活動支援事業は、住民主体の介護予防活動の育成・
支援を行う事業です。

　④一般介護予防事業評価事業は、介護保険事業計画に定める目標値
の達成状況などを検証し、一般介護予防事業の評価を行う事業です。

　⑤地域リハビリテーション活動支援事業は、介護予防の取組みを機
能強化するために、通所、訪問、地域ケア会議、住民主体の通いの場
などへのリハビリ専門職などによる助言などを実施する事業です。

10 包括的支援事業

どんな制度なのか

　包括的支援事業とは、第1号保険者を対象とし、地域のケアマネジメントを総合的・包括的に行う事業です。

　地域において自立した生活を継続するためには、介護サービスの提供だけでなく、要介護認定前から要介護認定後にかけて継続的、包括的に支援を受けることができる環境が必要です。包括的支援事業は、地域包括支援センターを中心として、地域においてさまざまな事業を提供します。そして、高齢者の自立した生活を支援しています。

事業の内容

　包括的支援事業には、8つの事業があります。8つの事業は、大きく、①地域包括支援センターの運営分と②社会保障充実分に分けられます。

　地域包括支援センターの運営分には、ⓐ介護予防ケアマネジメント業務、ⓑ総合相談支援業務、ⓒ権利擁護業務、ⓓ包括的・継続的ケアマネジメント支援業務があります。たとえば、総合相談支援業務は、地域包括支援センターが、支援を必要とする者に対して、日常生活支援に関連する活動に携わるボランティアなどのネットワークの構築を図ります。他にも、権利擁護業務は、成年後見制度の活用促進などにより、利用者の権利を保護するための事業を提供します。成年後見制度とは、精神上の障害のため判断能力が不十分な者に、後見人などをつけることにより判断を補助する制度です。

　社会保障充実分には、ⓔ在宅医療・介護連携推進事業、ⓕ生活支援体制整備事業、ⓖ認知症総合支援事業、ⓗ地域ケア会議推進事業があ

● 包括的支援事業とは ....

包括的支援事業

【対象】 第1号保険者

【内容】 地域のケアマネジメントを総合的・包括的に行う事業

⇒具体的には以下の8つの事業に分類される

地域包括支援センターの運営分

① 介護予防ケアマネジメント業務、② 総合相談支援業務、
③ 権利擁護業務、④ 包括的・継続的ケアマネジメント支援業務

社会保障充実分

① 在宅医療・介護連携推進事業、② 生活支援体制整備事業、
③ 認知症総合支援事業、④ 地域ケア会議推進事業

ります。たとえば、地域ケア会議は、地域包括支援センターや市町村が主催する介護支援専門員、保健医療関係者、民生委員などで構成される会議です。地域ケア会議により、地域の課題の解決や必要な資源開発、政策形成などにつながる協議がなされます。

どこに委託するのか

　地域包括支援センターの運営分については、地域包括支援センターに一括して委託しなければなりません。包括的支援事業を効率的、適切に行うためには、一括して委託することが必要だからです。社会保障充実分については、地域包括支援センター以外にも社会福祉法人などに委託することが可能です。地域の実情に応じて、それぞれの事業の実施要項により具体的なサービス内容を定めることができます。

　市町村は、包括支援事業を委託した場合においても、委託先の地域支援センターと連携をとり、事業を実施しなければなりません。

11 任意事業

どんな制度なのか

任意事業とは、保険者が、地域の実情に応じて、それぞれ独自のサービスを提供する事業です。

介護においては、介護を受ける者の個別的な事情だけでなく、地域ごとに必要となるサービスも異なります。人口や高齢者の割合などが違うだけでも、必要になる事業は異なることが考えられます。そこで、地域ごとに柔軟にさまざまな事業を提供し、介護を必要とする者が安心して生活を継続していくことができるようにするため、任意事業が創設されました。

事業の内容

任意事業には、①介護給付費適正化事業、②家族介護支援事業、③その他の事業があります。

介護給付費適正化事業の内容は、必要な介護サービス以外の不要なサービスが提供されていないかの検証・徹底や、良質な事業展開のために必要な情報を提供することなどです。また、介護サービス事業者間による連絡協議会の開催などにより、利用者に適切なサービスを提供できる環境の整備を図り、介護給付などに必要な費用の適正化のための事業なども行われます。

家族介護支援事業の内容は、介護方法の指導や要介護被保険者を介護する者のための必要な事業を実施することです。たとえば、適切な介護知識や技術を習得するための、介護教室の開催などが行われます。

その他の事業の内容は、介護保険事業の運営の安定化や被保険者の地域における自立した日常生活の支援のための必要な事業です。具

● 任意事業とは ……………………………………………………………

任意事業	**介護給付費適正化事業** ・不要なサービスが提供されていないかの検証・徹底 ・良質な事業展開のために必要な情報の提供など ・介護給付などに必要な費用の適正化のための事業など
	家族介護支援事業 介護方法の指導や要介護被保険者を介護する者のための必要な事業 （例）介護教室の開催など
	その他の事業の内容 介護保険事業の運営の安定化や被保険者の地域における自立した 日常生活の支援のための必要な事業

体的には、成年後見制度利用支援事業、福祉用具・住宅改修支援事業、認知症対応型共同生活介護事業所の家賃などの助成事業、認知症サポーターなど養成事業、重度の ALS 患者の入院におけるコミュニケーション支援事業などがあります。さらに、地域自立生活支援事業もその他の事業に含まれます。地域自立生活支援事業には、介護が必要な者の安心な住まいを確保するために、公的賃貸住宅、シルバーハウジング、サービス付き高齢者向け住宅、集合住宅などへの入居支援を実施するという事業があります。

どんな特長があるのか

　任意事業は、地域の社会資源を活用し、効果的・効率的に行われなければなりません。任意事業を行うことにより、包括的支援事業をより円滑に実施できるようにするなどが考慮される必要があります。そこで、任意事業については、市町村から地域包括支援センターに委託することができます。また、民間業者にも委託可能です。市町村、地域包括支援センター、民間業者が連携をとり、円滑な任意事業が実施されることが望まれます。

12 介護現場で働くスタッフ

さまざまな分野の専門スタッフがいる

介護の現場にはさまざまなスタッフがいます。充実した介護サービスの提供には、介護を専門的にできる者だけでなく、医療や行政など、さまざまな分野の者が介護サービスにかかわることが必要になります。

介護保険は利用者のニーズに合った介護サービスを提供するために、各サービスに合った人員基準を規定し、さまざまな人が介護現場にかかわるようにしています。

介護の現場で働くスタッフは、①介護分野にかかわるスタッフ、②医療分野にかかわるスタッフ、③その他分野にかかわるスタッフの3つに大別できます。

介護分野にかかわるスタッフ

介護分野にかかわるスタッフには、直接介護に携わる介護職員、ケアマネジャー、生活相談員などがいます。

介護職員は、勤めている職場によって、ヘルパーや介護スタッフ、ケアワーカーなどさまざまな呼び方をされることがあります。実際に要介護者の日常生活介助を提供します。訪問介護を除いて必ずしも資格が必要ではありませんが、ベッドへの移乗やトイレ介助、簡単な医療知識などを体系的に学べるように資格制度が構築されています。まず、介護職員初任者研修や実務者研修があります。さらに上位の資格として国家資格である介護福祉士が設定されています。自宅で介護サービスを行う訪問介護では、介護職員初任者研修以上の資格が必要になります。また、介護福祉士の試験を受験するためには、3年以上の実務経験と実務者研修の修了が必要になります。介護福祉士などの

● 介護現場で働くスタッフ ·····················

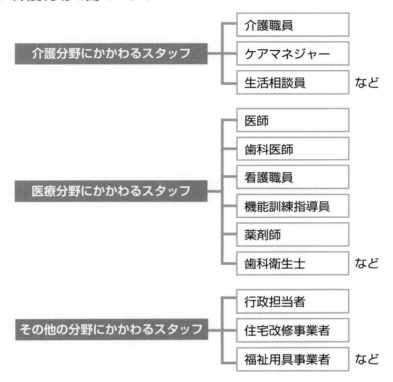

資格取得者の人数や割合を公開している事業者もあり、介護事業所の介護レベルを把握する一定の指標となっています。

　ケアマネジャーは、ケアプランの作成やサービス事業者との調整を行います。直接的な介護をすることはなく、利用する高齢者のサービス全般をマネージメントする役割があります。ケアマネジャーになるためには、介護支援専門員実務研修受講試験に合格し、一定の研修を修了しなければなりません。

　ケアマネジャーには主任ケアマネジャーという上級資格があります。主任ケアマネジャーには、介護や医療などさまざまなサービスのネットワークの向上や、他のケアマネジャーへの助言や指導を行うことな

どが期待されています。これらを推進するために、居宅介護支援事業所の指定基準の中で、管理者要件として主任ケアマネジャーであることが規定されています。この規定により、居宅介護支援事業所は主任ケアマネジャーを2020年度末までに配置する必要があります。

生活相談員は、介護施設での利用に際しての受け入れ、高齢者やその家族に対して、介護や金銭事情の相談など、日常生活を送る上でのさまざまな不安や困り事に対して支援を行います。

医療分野にかかわるスタッフ

介護保険では、介護と医療が連携をとり、充実した介護サービスを提供することが求められます。そこで、介護の現場には、医師、歯科医師、看護職員、機能訓練指導員、薬剤師、歯科衛生士などの医療分野にかかわるスタッフが働いています。

医師や看護師は医療の専門家です。医療を行うには医師や看護師がいなければなりません。また、歯科治療を行うには、歯科医師や歯科衛生士が必要になります。

医療を行う際に、薬を投与することもあります。その際に、薬剤師が配置されている必要があります。

機能訓練指導員は、歩行訓練や日常生活訓練など、機能訓練の指導、助言を行います。機能訓練指導員には、理学療法士、作業療法士、言語聴覚士などが含まれます。

医療行為は、本来、医療分野にかかわる者でなければできません。しかし、一定の条件を充たせば、介護職員でも一部の医療行為を行うことができます。たとえば、たんの吸引や経管栄養について、喀痰吸引等研修を受講し、認定特定行為業務従事者認定証を取得した一定の介護職員はこれらの医療行為を行うことができます。体温測定や血圧測定、軽微な切り傷の処置、爪切り、耳垢の除去は医療行為にあたらないとされ、介護職員でも行うことができます。

その他分野にかかわるスタッフ

　介護の現場には、介護・医療にかかわるスタッフ以外にもさまざまな者がかかわっています。たとえば、行政担当者、住宅改修事業者、福祉用具事業者などです。

　その他分野にかかわるスタッフとして、行政担当者は重要な存在です。まず、要介護認定の申請の受付や訪問調査は行政によってなされるため、行政担当者がかかわります。また、介護事業者が介護サービスを提供するためには、都道府県などにより指定を受けなければならないため、ここでも行政担当者とのかかわりがあります。このように介護サービスの提供には、行政担当者とのかかわりが多くあり、重要な役割を担っています。

　住宅改修事業者は、住宅の改修を行います。一部の市町村では、介護保険住宅改修施工事業者の登録制度を実施しています。

　福祉用具事業者は、車いすや特殊寝台の販売や貸与などを行います。福祉用具事業者は、福祉用具専門相談員を配置することが求められています。具体的には、福祉用具の販売や貸与を行う事業所に、2名の福祉用具専門相談員を配置しなければなりません。福祉用具専門相談員は、利用者と相談の上で、福祉用具利用計画を作成します。実際に利用を開始した後も、身体や環境の変化に応じて調整などを行うとともに、定期的に利用者宅を訪問して、福祉用具の点検なども行います。

　また、高齢者が地域で生活し続けることを実現するために、各市町村に生活支援コーディネーターを設置することが義務付けられています。生活支援コーディネーターは、地域に住む高齢者のニーズに合った新たな福祉サービスの発掘や開発、関係事業者のネットワークの構築を行うなど、地域包括ケアシステムの推進役としての役割が期待されています。

13 ケアマネジャーの仕事

ケアマネジャーとは

　ケアマネジャーは、正式名称を介護支援専門員といいます。要介護者や要支援者の相談に応じたり、ケアプランの作成や市町村・事業者などとの連絡調整を行います。

　介護サービスでは、適切なサービスを提供することが重要です。しかし、利用者自身が介護サービスや事業者について把握し、自ら適切な介護サービスを選択することは容易ではありません。ケアマネジャーは、利用者と介護事業者をつなぎ、利用者のニーズに合った計画の作成などを行い、適切な介護サービスの提供を実現します。

　ケアマネジャーになるには、介護支援専門員実務研修受講試験に合格し、介護支援専門員実務研修を受講しなければなりません。この介護支援専門員実務研修受講試験を受験するためには、医師、看護師、社会福祉士、介護福祉士など、一定の資格をもっていなければなりません。さらに、保健医療福祉分野での実務経験が5年以上必要になります。

　ケアマネジャーとして登録すると介護支援専門員証が交付されます。ケアマネジャーの資格は5年ごとに更新する必要があります。

どんなことをするのか

　ケアマネジャーの業務は、居宅介護支援事業所で働く場合の業務と介護施設などで働く場合の業務の2つに大きく分けられます。

　居宅介護支援事業所で働く場合の業務としては、要介護者や要支援者の相談を受けること、ケアプランの作成、居宅サービス事業者などとの連絡調整などがあります。ケアプランを作成する際には、要介護

● ケアマネジャー

ケアマネジャー（介護支援専門員）		
資格など （5年ごと に更新）	● **介護支援専門員実務研修受講試験の合格** ※医師、看護師、社会福祉士、介護福祉士などの資格者の 　うち、保健医療福祉分野での実務経験が5年以上必要	
	● **介護支援専門員実務研修の受講**	
業　務	居宅介護支援事 業所で働く場合 の業務	・要介護者や要支援者の相談を受ける ・ケアプランの作成 ・居宅サービス事業者などとの連絡調整 　　　　　　　　　　　　　　　　　など
	介護施設で働く 場合の業務	・施設サービス計画の作成　など

者や要支援者のニーズに応えたケアプランとなるように要介護者やその家族の意見を聞き、その意見を尊重し、作成する必要があります。

　介護施設で働く場合の業務としては、施設サービス計画の作成などがあります。施設サービス計画の作成においても要介護者やその家族などの意見を聞き、ニーズに合った計画を作成する必要があります。

　他にも、ケアマネジャーはさまざまな業務を行います。たとえば、利用者のニーズに合った介護サービスの提供がなされているか確認するモニタリング、サービス提供にかかった費用や利用者負担額を算定する給付管理業務などがあります。

ケアマネジャーを選ぶこともできる

　ケアマネジャーは、利用者自ら選ぶことができます。つまり、ケアマネジャーは、利用者との間の契約により、ケアプランの作成などの業務を行うことになります。そのため、利用者のニーズやサービスの現状をしっかり把握し、適切な介護サービス提供を実現してもらえるケアマネジャーを選択するようにしましょう。

認知症高齢者の日常生活自立度

　「認知症」は、「物忘れ」と異なり、加齢にともなう病気のひとつです。さまざまな理由により脳の細胞が死んだり働きが悪くなったりすることで、日常生活や対人関係に支障をきたします。

　「物忘れ」は、一部を忘れるだけで、忘れたことに自覚があり、何かきっかけがあれば思い出すことができます。しかし、「認知症」の場合は、すべてを忘れるだけでなく、忘れたことに自覚がありません。脳の障害ですから、ヒントを与えても思い出すことはありません。

　このような認知症は進行性もあり、重度になると日常生活や対人関係に支障をきたします。たとえば、「ご飯を食べたのにまだ食べていない」というような記憶障害、「誰かに物を盗まれた」というような被害妄想、「家の中や外を絶えず歩き回る」というような徘徊などがあります。認知症の程度によって必要な介護が異なるため、客観的に認知症の程度をはかる「日常生活自立度」という指標があり、下記のように7ランクに分けられています。

● 認知症高齢者の日常生活自立度 ………………………………

ランク	判断基準	見られる症状の例
Ⅰ	日常生活など、ほぼ自立している	
Ⅱa	家庭外の日常生活に支障をきたすが、誰かが注意していれば自立できる	たびたび道に迷う
Ⅱb	家庭内の日常生活に支障をきたすが、誰かが注意していれば自立できる	服薬管理ができない
Ⅲa	日中を中心に、日常生活に支障をきたし、介護を必要とする	着替え、食事、排便などが上手にできない
Ⅲb	夜間を中心に、日常生活に支障をきたし、介護を必要とする	
Ⅳ	昼夜を問わず、日常生活に支障をきたし、常に介護を必要とする	
M	著しい問題行動などがあり、専門医療を必要とする	妄想、興奮、自傷・他害など

第2章

介護保険の手続き

1 介護保険のサービス手続きの全体像

利用のための手順

介護保険の給付を受けるためには、①要介護認定を受けることと、②ケアプランの作成が必要になります。

① 要介護認定

介護保険の給付対象者は、要介護者と要支援者です。そのため、利用希望者は、市町村から、該当する要介護状態区分の認定を受ける必要があります。

要介護・要支援認定を受けるには、介護保険の被保険者証などの必要書類を提出して、利用希望者自身が市町村に請求を行わなければなりません。申請を受けた市町村は、利用希望者の心身の状態・家族などによる現在の介護の状況などについて調査を行い、調査結果などに基づいて、要介護状態区分に関する審査・認定を行います。

要介護認定の結果が市町村から利用希望者に通知され、要介護1～5、あるいは要支援1～2の認定を受けた者は、介護保険の給付資格が認められたことになります。

② ケアプランの作成

要介護認定を受けた利用希望者は、自分自身で介護サービス事業者を選択し、契約を結ばなければなりません。限りある財源の中で、利用希望者にとって必要かつ十分なサービスを提供するためには、適切な計画の存在が不可欠です。そこで、ケアプランの作成が必要になります。

ケアプランとは、介護サービスの利用に関する計画を指します。ケアプランは、利用希望者が適切なサービスを受ける上で非常に重要な役割を担うため、介護保険法は、ケアプランの作成と市町村に対する

● 介護サービス利用手続きの全体像 ·····························

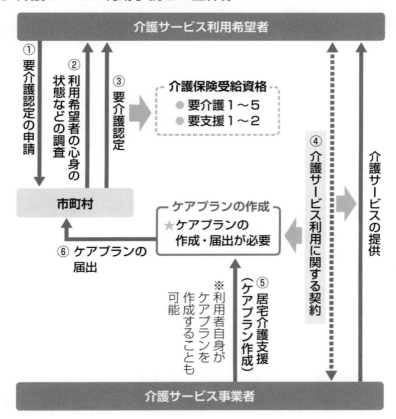

届出を要求しています。

　ケアプランは、利用希望者自身が作成することも可能です。しかし、利用希望者自身が、自分に必要なサービスを選択することは困難だといえます。そのため、利用希望者が自宅で介護サービスを受ける場合、居宅介護支援として、ケアマネジャーによってケアプランを作成してもらうことができます。ケアマネジャーは、利用希望者の心身の状態や家庭環境などを考慮して、日常生活の課題を明らかにした上でケアプランを作成し、必要に応じて適宜ケアプランの見直しなども行います。

2 要介護認定

要介護認定とは

　要介護認定とは、介護が必要な者について、全国一律の基準に基づき、客観的に要介護や要支援の程度を判定するしくみです。高齢者ごとに必要となる介護サービスの種類や量は異なります。高齢者ごとの介護が必要な程度を判定し、ニーズに合ったサービスの提供をするため、要介護認定がなされます。要介護認定により判定される状態には、要介護状態と要支援状態があります。

　介護保険法によると、要介護状態とは、「身体上又は精神上の障害があるために、入浴、排せつ、食事等の日常生活における基本的な動作の全部又は一部について、厚生労働省令で定める期間（原則6か月間）にわたり継続して、常時介護を要すると見込まれる状態」と定義されています。この定義からすると、たとえば、寝たきりの状態にある者も、着替えなどの一部について介助がなければできない者も要介護状態にあたります。介護が必要な程度を適切に反映させるため、要介護状態は5つの区分に分けられています。要介護状態の区分と各区分に該当する者の目安については以下のとおりです。

・要介護1：片足での立位や日常の意思決定、買い物など
・要介護2：歩行、洗身、爪切り、薬の内服、金銭の管理など
・要介護3：寝返り、排便、口腔清潔、ズボンの着脱など
・要介護4：座位保持、両足での立位、移乗、移動、洗顔など
・要介護5：麻痺、食事摂取、短期記憶など

　以上の行為について、介助がなければ全部または一部できない場合、それぞれの区分の要介護認定がなされます。

　ここに列挙した行為は、あくまで目安です。要介護度別の明確な定

● 要介護状態と要支援状態 ‥‥‥‥‥‥‥‥‥‥‥‥‥‥‥‥

要介護状態	身体上・精神上の障害のために日常生活における基本的な動作の全部・一部について継続的に常時介護が必要と見込まれる状態

【目安】	要介護1	片足での立位や日常の意思決定、買い物など
	要介護2	歩行、洗身、爪切り、薬の内服、金銭の管理など
	要介護3	寝返り、排便、口腔清潔、ズボンの着脱など
	要介護4	座位保持、両足での立位、移乗、移動、洗顔など
	要介護5	麻痺、食事摂取、短期記憶など

要支援状態	身体や精神上の障害があるために日常生活における基本的な動作について、支援が必要な状態、介護を必要とする状態の軽減や悪化の防止のための支援を必要とする状態

【目安】	要支援1	起き上がりや立ち上がり
	要支援2	片足での立位、日常の意思決定、買い物など

義はなく、申請者の状態に基づいて、柔軟に認定されます。

　次に、介護保険法によると、要支援状態とは、「身体や精神上の障害があるために日常生活における基本的な動作について、原則6か月間、支援が必要な状態、または、介護を必要とする状態の軽減や悪化の防止のための支援を必要とする状態」と定義されています。

　要支援度の区分と各区分に該当する者の目安は以下のとおりです。

・要支援1：起き上がりや立ち上がり

・要支援2：片足での立位、日常の意思決定、買い物など

　これらの行為について、支援が必要な状態の者が要支援状態と認定されます。要支援状態についても、要支援度別の明確な定義はありません。上記の行為はあくまで目安です。申請者の状態に基づいて、柔軟に認定されます。

　要介護認定で必要な介護度の判定では、①介護の手間に関する判定がもっとも重視されます。また、要介護と要支援を区別するために、②状態の維持・改善可能性に関する判定も行います。

①　介護の手間に関する判定

介護の手間に関する判定では、介護を受ける者について、介護にどの程度の手間がかかるかを判断します。実務的には、実際の申請者を調査した結果から、コンピュータが介護の手間の判定（1次判定）を行います。それに加えて、委員会の合議体（介護認定審査会）が申請者特有の介護の手間を加味して審査（2次判定）を行います。これらによって市町村が最終的に、介護が必要な程度を判定します。

　介護の手間に関して、アルツハイマー型認知症の場合、徘徊行動をはじめ問題行動を起こす可能性が高いとすると、介護にかかる手間も大きいと判断することができます。これに対して、同じ認知症であっても寝たきり状態である場合には、徘徊などの可能性がない分、介護にかかる手間は小さいと判断することができます。介護の手間に関する判定においては、必ずしも、心身の状態の重症度と、介護にかかる手間の大きさが比例しないというのが特徴です。

② 　状態の維持・改善可能性に関する判定

　状態の維持・改善可能性に関する判定は、要介護1と要支援2とを区別する際に影響を与える判定です。要支援に該当する者に給付される介護予防サービスは、要介護状態への進行を防ぐとともに、現在の状態を維持・改善することを目的としています。利用者が、状態の維持や改善の見込みがない場合には、要支援認定を行うことが適切ではなく、要介護と認定されます。たとえば、介護の必要性がそれほど高くなくても、疾病などの影響により心身の状態が不安定で、短期間のうちに要介護状態の再評価が必要だと見込まれる場合は、要支援認定ではなく、要介護認定をすべきだといえます。他にも、認知機能などに障害があるために、要支援者としてサービス内容を理解することが困難な状態の場合、要介護認定をすべきとなることもあります。

要介護認定をする目的

　要介護認定を行わずに介護サービスが利用できるとすると、介護を

● 要介護認定を行う目的 ·····································

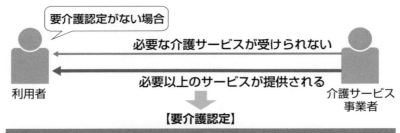

★要介護認定によって、利用できるサービスが異なる
⇒要介護度に応じて必要なサービスの提供を実現できる

受ける者は、不安を解消するために、必要以上のサービスを受けるようになる可能性があります。また、供給できる介護サービスに限りがある場合、必要なサービスを受けることができなくなる利用者が生じるかもしれません。サービス利用者にとって、介護サービスのすべてを正確に把握し、自分に合ったサービスを選択することは容易ではありません。そこで、介護保険制度では、介護を必要としている者のニーズをしっかりと把握し、どの程度の介護サービスが必要か、客観的な基準により判定することで、要介護者に対して適切な介護サービスの提供を実現することができます。

　介護保険制度の中で、要介護認定は、介護を必要とする程度に応じて、必要な介護サービスを受けられるようにするという役割があります。たとえば、要支援の認定を受けた人は、居宅サービスや地域密着型サービスの一部、施設サービスを利用することはできませんが、要介護に移行しないように介護予防を目的としたサービスの提供を受けることができます。また、要介護1、2の認定を受けた人も、介護老人福祉施設（特別養護老人ホーム）については施設数が限られることから、重度の者を優先的に入居させる必要があるため、原則として入居できません。

3 要介護認定の申請

要介護認定の申請

　介護サービスを受けるためには、原則として利用者が要介護認定を受けなければなりません。要介護認定は、利用者が要介護1～5、要支援1・2、非該当、これらのいずれにあたるかを判断する手続きです。

　要介護認定を受けるためには、まず市町村へ申請をしなければなりません。各市町村には、「介護保険課」などの名称の窓口が設置されています。要介護認定の申請は、この窓口に申請書を提出することからはじまります。

　申請書は、各市町村の介護保険担当の窓口や地域包括支援センターで入手することができます。市町村のホームページからダウンロードすることもできます。

　申請書には、申請者、被保険者の氏名や住所、主治医の名前や病院名などを記載します。

　申請書を提出する際に、被保険者証の添付が必要になります。被保険者証は、第1号被保険者の場合、介護保険被保険者証です。第1号被保険者とは65歳以上の者で、介護保険被保険者証は、65歳以上になったとき市町村から交付されます。第2号被保険者にあたる45歳以上65歳未満の者は、医療保険の被保険者証を添付します。

　申請の際に主治医意見書を添付書類として提出する必要があります。主治医は、被保険者の状態を最もよく知る者であり、その医師の意見は、要介護度を判断する際に重要な資料となります。

　主治医意見書は、自ら主治医に依頼し、取得する必要はありません。申請書に主治医の名前や病院名などを記載するだけで足ります。主治医がいない者については、市町村指定の医師の診察を受け、申請書に

● 申請前・認定前の介護保険の利用 …………………………………

介護サービス

⇒【原則】要介護認定を受けた後に利用することができる

【例外①】 **要介護認定の申請前の利用（特例居宅介護サービス費）**

⇒ 緊急に介護サービスを受ける必要がある場合　など

〈支払方法〉償還払い　　∴いったん全額の利用料の支払いが必要

【例外②】 **要介護認定の申請後・認定前の利用**

⇒ 要介護認定の効力が申請時に遡及する

∴認定前に介護保険の給付を受けることが可能

〈支払方法〉{ **暫定ケアプランを作成した場合：1割負担**
暫定ケアプランを作成しなかった場合：償還払い
　　　　　　　　　　　　　　　　（いったん全額負担）

※例外①・②ともに要介護認定を受けることができなかった場合は
全額自己負担になる

その医師の名前や病院名などを記載することになります。

　要介護認定の申請をすることができるのは、被保険者本人です。被保険者の家族などは本人の代理人として申請をすることができます。また、居宅介護支援事業者や地域包括支援センターなどが代行して申請することもできます。

　要介護認定の申請書と添付書類を提出すると、介護保険資格者証を受け取ります。介護保険資格者証は、被保険者証の代わりとなる証書です。被保険者の被保険者証は、添付書類として市町村に提出します。要介護認定の審査期間に被保険者証が必要になったときに利用できるように、介護保険資格者証が交付されます。

　要介護認定の申請がなされると、調査員による訪問調査が行われます。そして、介護認定審査会において、介護が必要であるかについて判定が行われ、市町村により認定がなされます。市町村による認定は、

原則として、要介護認定の申請を受けてから30日以内に行わなければなりません。審査に時間がかかるなど理由がある場合には、延長することも許されます。この場合、市町村は被保険者に、認定に必要な時間と延長する理由を通知しなければなりません。

申請前・認定前の介護保険の利用

　介護サービスを利用するには、原則として要介護認定を受けなければなりません。しかし、たとえば、何度も段差で転倒をしてしまい、早急に手すりを取り付けなければならない場合や、介護職員による介護を受けなければ日常生活に支障が生じる場合など、緊急に介護サービスを受ける必要が生じることがあります。要介護認定は、早急に申請を行っても、認定までに30日程度必要になることがあります。この期間の介護サービスが全額利用者負担となると、要介護認定の申請を早く行ったかそうでないかで、異なった取扱いがなされることになり、利用者を不平等に取り扱うことになりかねません。

　そこで、一定の場合に、要介護認定を受けなくても介護保険に基づく介護サービスを受けることができる制度が用意されています。要介護認定を受けずに介護保険に基づく介護サービスを受けることができる場合を時系列に沿って分けると、①要介護認定の申請前、②要介護認定の申請後・認定前に分けることができます。

①　要介護認定の申請前

　特例居宅介護サービス費を利用することができます。特例居宅介護サービス費は、緊急な場合や介護サービスを受ける必要が高いときに、利用することができます。特例居宅介護サービス費には、離島のように介護サービスを受けることが困難な地域で居宅サービスを受けた場合などにも適用があります。

　要介護認定の申請前に介護サービスを利用した場合は、サービス費用は、利用者がいったん全額支払います。要介護認定がなされると、

利用者負担分を除いたサービス費用の9割が市町村から利用者に支払われます。このような支払方法を償還払いといいます。

② 要介護認定の申請後・認定前

要介護認定の効力を申請時へ遡及させるという制度を利用することができます。

申請時に遡及させる制度は、認定後に発生する要介護認定の効力を申請時から発生していたものとして取り扱う制度です。たとえば、要介護認定の申請を行い、要介護3と認定された場合、原則として認定後に被保険者が要介護3であるという効力が発生しますが、遡って申請時から要介護3と取り扱うということです。

申請時への遡及をする場合には、介護保険資格者証が必要です。要介護認定の申請を行うと、介護保険資格者証が交付されますが、この交付には、申請時への遡及を利用することを可能にするという意図もあります。

申請時への遡及をした場合、利用者の負担額は1割となります。そのためにはケアプランを作成して、ケアプランに沿って介護サービスを利用しなければなりません。このケアプランを暫定ケアプランといいます。そのため、要介護認定の申請後・認定前に介護サービスを利用する場合も、地域包括支援センターなどに相談するとよいでしょう。

暫定ケアプランを作成しなかった場合、要介護認定の申請後・認定前の介護サービスの利用においても、サービス費用については償還払いとなります。

①・②ともに、要介護認定を行い、要介護または要支援と認定されなかった場合は、サービス費用は全額自己負担となります。

4 要介護認定の流れ

どのような流れになっているのか

　要介護認定は、介護サービス利用の申請に基づいて行われます。申請者が申請書と添付書類を市町村の窓口に提出して申請することで、要介護認定の手続きが開始します。

　まず、市町村の認定調査員が、心身の状況調査を行います。この調査を認定調査といいます。認定調査には、基本調査と特記事項に関する調査があります。調査の結果について、基本調査は認定調査票、特記事項に関する調査は特記事項に記載します。

　次に、認定調査票を用いて、1次判定がなされます。1次判定は、コンピュータによりなされます。このとき、認定調査票だけでなく、主治医意見書も考慮されます。1次判定の結果と主治医意見書、さらに特記事項などに基づいて、2次判定がなされます。2次判定は、介護認定審査会により行われます。介護認定審査会は、保健・医療・福祉の学識経験者により構成される審査会です。

　以上の手続きにより出された結果に基づいて、市町村が申請者の要介護認定を行います。

認定・不認定の結果を被保険者に通知する

　市町村が要介護認定を行うと、被保険者にその結果が郵送で通知されます。通知書には、認定結果だけでなく、理由も記載されています。

　通知書の郵送においては、被保険者証も同封されます。被保険者が要介護1〜5または要支援1・2のいずれかに認定された場合は、介護保険被保険者証に認定された要介護度の結果と有効期間が記載されます。非該当と認定された場合は、申請時に添付した被保険者証が返

● 要介護認定の流れ

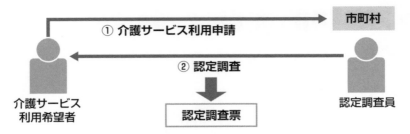

【1次判定】⇒ コンピュータによる認定
【2次判定】⇒ 1次判定の結果などを受けて、
　　　　　　　介護認定審査会による認定

送されます。

認定の有効期間や区分の変更

　要介護認定には、有効期間があります。有効期間が設けられているのは、随時、利用者の要介護度を判定することで必要なサービスの提供を実現することにあります。有効期間は申請の状況により以下のように分かれています。

・新規申請：3か月〜12か月（原則6か月）
・区分変更申請：3か月〜12か月（原則6か月）
・更新申請（要支援→要支援）：3か月〜36か月（原則12か月）
・更新申請（要支援→要介護）：3か月〜36か月（原則12か月）
・更新申請（要介護→要支援）：3か月〜36か月（原則12か月）
・更新申請（要介護→要介護）：3か月〜36か月（原則12か月）

　要介護状態区分を重くする変更の場合は、本人の申請により行われます。要介護状態区分を軽くする場合は、本人の申請と市町村の職権により変更することができます。

5 訪問調査

訪問調査とは

　要介護認定において、市町村に申請をすると、調査員が自宅や病院などを訪ねて、介護サービス利用希望者の状態などを調査します。これを訪問調査といいます。

　要介護度は、被保険者が受けられる介護サービスを決定する際に、基礎となる要素です。その要介護度を認定するには、申請書や医師の診断書など書面だけで判断するのでは足りません。介護を要する者といっても、さまざまなタイプがあり、同じ病気にかかっているとしても、人によりその重度は異なります。そこで、各被保険者の状態を十分に把握した上で、要介護認定がなされるように、訪問調査が行われています。

　訪問調査は、認定調査員により行われます。認定調査員になれる者は、新規の要介護認定の場合と更新の場合で異なります。

　新規の要介護認定の場合、市町村の職員が認定調査員として訪問調査を行います。また、市町村は、訪問調査の業務を指定市町村事務受託法人に委託することができます。指定市町村事務受託法人とは、市町村から委託を受けて保険事務の一部を実施する法人として、都道府県が指定した法人です。指定市町村事務受託法人には、社会福祉法人や民間企業などがあります。

　市町村の職員と指定市町村事務受託法人は、更新の場合も訪問調査を行うことができます。更新の場合は、その他に、居宅介護支援事業者、介護保険施設、ケアマネジャーなども訪問調査を行うことができます。

　認定調査員には、誰でもなれるわけではありません。認定調査員になるには、都道府県などで行われる介護保険認定調査員研修を受ける必要があります。

● 訪問調査

自宅／病院などで訪問・調査票に
基づき質問

調査員 介護サービス
利用希望者

質問に対する回答

訪問調査 【原則】1回で行う

概況調査：調査の対象となる被保険者の氏名や住所などの項目、
現在受けているサービスの状況項目

基本調査：調査対象者の心身の状況などを把握するための調査

① 身体機能・起居動作
麻痺の有無や拘縮の有無、寝返りができるかなど

② 生活機能
移乗、移動、食事摂取などについて介助が必要か、
必要であればどの程度必要かなど

③ 認知機能
意思の伝達がどの程度できるか、生年月日や年齢を言うことが
できるかなど

④ 精神・行動障害
感情が不安定になることがあるか、昼夜の逆転があるかなど

⑤ 社会生活への適応
薬の内服、金銭の管理などに介助が必要か、日常の意思決定が
できるかなど

特記事項：認定調査員が、判断が困難であると考えた事項、迷っ
た事項、基本調査などにおいて記載されていないが
追記の必要があると判断した事項などを記載する

調査の種類

　訪問調査には、①概況調査、②基本調査、③特記事項の3つの種類
があります。

　概況調査は、調査の対象となる被保険者の氏名や住所などの項目と、
現在受けているサービスの状況項目から構成されています。調査対象
者の基本情報を得る目的の下、概況調査がなされます。

基本調査は、調査対象者の心身の状況などを把握するためになされる調査です。調査する内容は、心身の状況に関係する分野と過去14日間に受けた医療に関する分野に分けられます。

　心身の状況に関係する分野は、①身体機能・起居動作、②生活機能、③認知機能、④精神・行動障害、⑤社会生活への適応の5つで構成されています。これらの心身の状況に関係する分野の具体的な調査項目は以下のようになります。

---

① **身体機能・起居動作**
　麻痺の有無や拘縮の有無、寝返りができるかなど

② **生活機能**
　移乗、移動、食事摂取などについて介助が必要か、必要であればどの程度必要かなど

③ **認知機能**
　意思の伝達がどの程度できるか、生年月日や年齢を言うことができるかなど

④ **精神・行動障害**
　感情が不安定になることがあるか、昼夜の逆転があるかなど

⑤ **社会生活への適応**
　薬の内服、金銭の管理などに介助が必要か、日常の意思決定ができるかなど

　過去14日間に受けた医療に関係する分野は、処置内容と特別な対応で調査項目が分けられています。

　処置内容では、点滴の管理、中心静脈栄養、透析、ストーマの処置などを行ったかが調査されます。

　特別な対応では、モニター測定、褥瘡の処置、カテーテルを行ったかについてチェックされます。

特記事項とは、認定調査員が、判断が困難であると考えた事項や判断に迷った事項、基本調査などにおいて記載されていないが追記の必要があると判断した事項などです。

　さらに、要介護度の判断材料として、日常生活の自立度に関係する寝たきり度や認知症の有無・程度の調査も行います。

どのような手順で何をするのか

　訪問調査は、認定調査員が、調査対象者の自宅や、入院中であれば病院などに訪ねて行います。原則として、１人の認定調査員が１回の訪問で行います。

　調査の方法は、基本的に、認定調査員が調査票に従って質問し、調査対象者が答えるという形式で行われます。このような調査を聞き取り調査といいます。

　訪問調査の結果によっては、希望に沿わない要介護認定がなされる可能性があります。そこで、訪問調査を受ける際に、注意すべき点があります。まず、聞き取り調査を調査対象者１人にまかせっきりにすべきではありません。日常のことについては、生活を共にする家族がいっしょに答えた方が正確に伝えられることがあります。また、調査対象者本人が介護は必要ないと考えており、プライドが邪魔して、実際にはできない行動について「できる」と答えることもあるかもしれません。そのため、家族が付き添い、いっしょに質問に答えるようにするべきでしょう。

　訪問調査では、調査票に従って質問が進められます。そこで、普段から困っていることや気づいたことなどは遠慮することなく認定調査員に伝えるようにしましょう。このような情報を積極的に伝えると特記事項に記載されるかもしれません。それによって、正確な要介護認定に役立つと考えられます。そのための準備として、困っていることや気づいたことなどについてメモをとっておくとよいでしょう。

6 1次判定

要介護認定の判定基準

　要介護認定は、被保険者について、どの程度、介護サービスを行う必要があるかということを判定する手続きです。判定には、1次判定と2次判定があります。要介護認定は、1次判定・2次判定を通じて、介護にどの程度の手間がかかるのか、現在の状態の維持や改善の可能性はどの程度あるのかという観点から、介護サービスの必要度が判定されます。

どんなことを判定するのか

　1次判定は、コンピュータによってなされます。客観的で公平な判定を行うためにコンピュータが使用されています。

　1次判定は、訪問調査の結果、とくに基本調査の結果をもとに1分間タイムスタディ・データから、要介護認定等基準時間を推計します。

　1分間タイムスタディ・データは、介護老人福祉施設や介護療養型医療施設などの施設に入所・入院している 3,400 人の高齢者について、48 時間にわたりどのような介護サービスが何時間行われたかを調査した結果のことです。基本調査の結果に従い、1分間タイムスタディ・データの中から、心身の状態が最も近い高齢者のデータを探し、このデータから要介護認定等基準時間を推計します。

　要介護認定等基準時間を算出するために使用される資料は、認定調査票です。認定調査票には、74 項目の基本調査の結果が記載されています。

　要介護認定等基準時間を算出するために必要となる要素は、直接生活介助、間接生活介助、問題行動関連介助、機能訓練関連行為、医療関連行為です。これらの行為に必要となる要介護認定等基準時間を算

● 1次判定

1次判定 基本調査の結果などをもとに要介護認定等基準時間を推計する

要介護認定等基準時間を算出するために必要な要素
直接生活介助・間接生活介助・問題行動関連介助・機能訓練関連行為・医療関連行為

要介護認定等基準時間	
要介護度の区分	必要な要介護認定等基準時間
非該当	25分未満
要支援1	25分以上32分未満
要支援2	32分以上50分未満
要介護1	32分以上50分未満
要介護2	50分以上70分未満
要介護3	70分以上90分未満
要介護4	90分以上110分未満
要介護5	110分以上

出します。要介護度別の要介護認定等基準時間は以下のとおりです。

- ・非該当 ：25分未満
- ・要支援1：25分以上32分未満
- ・要支援2・要介護1：32分以上50分未満
- ・要介護2：50分以上70分未満
- ・要介護3：70分以上90分未満
- ・要介護4：90分以上110分未満
- ・要介護5：110分以上

　要介護認定等基準時間は、あくまで要介護度を判定するためのものさしにすぎません。また、算定される要介護認定等基準時間も、1分間タイムスタディ・データによるもので、家庭での介護時間を算出するものではありません。

　ここで算出された要介護認定等基準時間と認知症加算の合計をもとに要介護度が判定されます。

2次判定

2次判定とは

　1次判定が完了すると、1次判定が記載されたシートがコンピュータから印刷されます。シートと認定調査票の特記事項、主治医の意見書を合わせて、介護認定審査会資料が作成されます。介護認定審査会資料を用い、介護認定審査会において介護サービスの必要度や要介護認定の有効期間を判定する手続きを2次判定といいます。1次判定はコンピュータを用いて、客観的で公平な審査が行われました。しかし、1分間タイムスタディ・データと比較しただけでは、柔軟な判定が難しいため、2次判定が行われます。

　2次判定においても客観性や公平性が確保されるように、介護認定審査会資料には個人が特定できる情報は記載されません。

　2次判定は介護認定審査会によりなされますが、介護認定審査会は、市町村の附属機関として設置されています。

　介護認定審査会の委員は、保健・医療・福祉の学識経験者です。具体的には、医師、薬剤師、看護師、保健師、介護支援専門員、介護福祉士、理学療法士などです。医療や介護などさまざまな事情を考慮した公平な判断を実現するためには、各分野、均衡がとれた構成が望まれます。介護認定審査会の委員は、市町村長が任命します。任期は原則として2年で、再任することもできます。各市町村により異なりますが、介護認定審査会は、5名程度で合議体が構成されており、複数設置することもできます。

どんなことを判定するのか

　2次判定は、以下の手順に従って判定がなされます。

● 2次判定

2次判定	介護認定審査会資料に基づき、介護サービスの必要度や要介護認定の有効期間を判定する

2次判定の手順

❶ 特定疾病の確認（第2号被保険者の場合のみ）

❷ 1次判定結果の修正・確定
調査結果と特記事項・主治医の意見書との矛盾の有無の確認・修正

❸ 介護の手間にかかる審査判定
介護にどの程度手間がかかるのかについての議論、必要に応じ修正

❹ 有効期間の設定
原則となる期間の短縮や延長の必要性についての検討

❺ 介護認定審査会として付する意見の検討
要介護状態の軽減や悪化の防止のために必要な療養についての意見など

① **特定疾病の確認**

　第2号被保険者は特定疾病（主に加齢が原因とされる病気）でなければ要介護認定されないため、まず特定疾病の確認が行われます。

② **1次判定結果の修正・確定**

　調査の結果に、特記事項や主治医の意見書との矛盾がないかを確認し、必要に応じて修正をします。

③ **介護の手間にかかる審査判定**

　介護にどの程度手間がかかるのかについて議論します。特記事項や主治医の意見書から、介護の手間が特別に必要と判断した場合、1次判定を変更します。

④ **有効期間の設定**

　原則となる期間の短縮や延長の必要性について検討します。

⑤ **介護認定審査会として付する意見の検討**

　要介護状態の軽減や、悪化の防止のために必要な療養についての意見などをつけることがあります。たとえば、症状の軽減に必要な専門医の受診を行っていない場合に、専門医の診察を受けることを促すなどです。

8 ケアマネジメント

ケアマネジメントとは

　ケアマネジメントとは、利用者のニーズに応じた、適切な介護サービスの提供がなされるようにする制度のことです。ケアマネジメントは、介護保険制度の施行と同時に導入されました。

　介護サービスを提供する際に、高齢者のニーズを把握し、そのニーズに合った介護サービスを提供することは重要です。介護保険制度は、介護サービスを自ら選択できるようになっていますが、住んでいる地域でどのような介護サービスが受けられるか正確に把握するのは困難です。また、提供できる介護サービスの種類も地域によって差があり、各地域における実情を把握した上で、介護サービスが提供されなければなりません。そこで、ケアマネジメントが導入されました。

　ケアマネジメントは、ケアマネジャーが中心となり、ケアプランの作成、ケアプランに沿った介護サービスの提供を行います。これにより、ニーズに合った介護サービスの提供を実現します。

具体的にはどんなことをするのか

　ケアマネジメントは、ケアマネジャーが中心となり、まず高齢者のニーズを把握するために課題分析（アセスメント）を行います。課題分析の結果を考慮して、ケアプランの原案を作成します。

　そして、ケアプランの原案に修正などを行い、ケアプランの内容を決定します。このとき、介護サービスを実施する事業者などとの連絡・調整も行います。これをサービス担当者会議といいます。また、ケアプランの決定においては、利用者本人や家族の同意が必要です。これは、利用者の自己決定権を保障するためです。

● ケアマネジメント ……………………………………………

【ケアマネジメント】

課題分析（アセスメント） ：高齢者のニーズの把握

ケアプランの原案作成・修正

↓

ケアプランの内容の決定 ：利用者などの同意が必要

サービス担当者会議　など

↓

介護サービスの実施 ：利用者のニーズに合っているのか確認

その後、ケアプランの改善　など

　ケアプランが決定すると介護サービスが実施されます。介護サービスの提供後も、モニタリングを行い、常にケアプランが利用者のニーズに合っているか確認します。そして、改善点が見つかれば、ケアプランを修正します。

介護予防ケアマネジメントとは

　介護保険には、介護予防サービスがあります。介護予防サービスは、高齢者が要介護状態となることや状態が悪化することを防ぐためになされるサービスです。そして、介護予防サービスのためになされるケアマネジメントを介護予防ケアマネジメントといいます。

　介護予防ケアマネジメントは、地域包括支援センターが中心となり実施されます。場合によっては、委託を受けた居宅介護支援事業所のケアマネジャーが行うこともあります。

　介護予防ケアマネジメントもケアマネジメントと同様に、アセスメント、介護予防ケアプランの原案作成、サービス担当者会議、本人や家族の同意などの手続きを経て、介護予防ケアプランが作成されます。そして、介護予防ケアプランに沿って、介護予防サービスの提供がなされます。

9 ケアプラン

何のために作成するのか

介護保険を利用してサービスを受けたい場合は、要介護者と要支援者のどちらにおいてもケアプランの作成が必要になります。ケアプランとは、介護サービスをどのように利用するかを決める介護サービス計画書のことです。ケアプランを作成することで、今現在利用者が解決すべき課題（ニーズ）を明らかにでき、その解決策や改善策を分析することができます。それにより、利用者や家族にとってより良い介護サービスや介護資源の提供を的確に行うことができるようになります。また、介護サービスの利用料に対する自己負担額をできる限り少なくする上でも重要となります。

ケアプランには、要介護1〜5と認定された人のために作成する「居宅サービス計画」や「施設サービス計画」、そして要支援1〜2と認定された人のために作成する「介護予防サービス計画」があります。要介護者のケアプランは、居宅介護支援事業所や介護保険施設にいるケアマネジャーが作成し、要支援者の予防介護ケアプランは、利用者が住む地域を担当する地域包括支援センターにいるケアマネジャーなどが作成します。

ケアプランの構成要素

ケアプランには、居宅サービス計画書、施設サービス計画書、介護予防サービス計画書の3種類があり、各計画書により様式や記載内容が異なります。ここでは、作成されることの多い「居宅サービス計画書」について見ていきます。

居宅サービス計画書の様式は全部で7表ありますが、ケアプランを

● ケアプランとは ･･･････････････････････････････････

ケアプラン	介護サービスをどのように利用するかを決める介護サービス計画書

要介護1〜5と認定された人 居宅サービス計画書・施設サービス計画書を作成

要支援1〜2と認定された人 介護予防サービス計画書を作成

(例)居宅サービス計画書
　⇒全7種の計画書の書式のうちケアプランにとって重要なのは第1表〜第3表

第1表（計画書全体の方向性）
第2表（利用者の生活全般における解決すべき課題や課題解決の長期・短期の目標、具体的な介護サービスの内容）
第3表（介護サービス計画の週ごとのタイムスケジュール）

　➡ 以上からケアプランの原案を作成し「サービス担当者会議」でケアプランを完成させる

立てる上で重要となるのが、第1表から第3表の内容です。

　第1表は計画書全体の方向性を示す役割があります。利用者の個人情報および介護に関する情報と、利用者と家族がどのような内容の介護サービスをどのくらいの頻度で利用しながら、どのような生活をしたいと考えているのかなどについて、その意向を記載します。

　第2表は計画全体の中核です。利用者の生活全般における解決すべき課題（ニーズ）や、それを解決するための長期および短期の目標、そして課題の改善に向けた具体的な介護サービスの内容（サービスの種別、頻度、期間など）を記載します。

　第3表には、第1表と第2表をふまえて作成された介護サービス計画を、週ごとのタイムスケジュール表にしたものを記載します。利用者はこのスケジュールに沿って介護サービスを利用することになります。

　このようにしてケアプランの原案ができた後は、利用者と家族が同席の下で介護サービス事業者の担当者や主治医などの関係者を集めた

「サービス担当者会議」を開き、ケアプランを完成させます。

どんなサービス事業者を選ぶか

　都道府県、市町村の指定を受け、各種の介護サービスを行う事業者をサービス事業者といいます。サービス事業者は、サービスの種類に応じて都道府県または市町村の条例に定められた条件を充たし、指定を受けています。利用者は多数ある事業者の中から自由に選択することができます。

　サービス事業者の情報はケアマネジャーや地域包括支援センターが保有しているため、そこに相談して、事業者の紹介をしてもらうのが最も便利だといえます。また、自身でサービス事業者を探したい場合は、厚生労働省のホームページや、サービス事業者のデータベースを多数保有する WAMNET というインターネットサービスなどを利用するとよいでしょう。

　事業者を選択する際に確認すべきポイントとしては、「サービス内容や料金が希望通りであるか」「苦情への相談窓口が設置されているか」「事故に対する補償はあるか」などが挙げられます。契約する際に渡される「重要事項説明書」をしっかりと確認することが大切です。

ケアプランは変更できる場合がある

　すべての介護サービスは、ケアマネジャーなどが作るケアプランに沿って実施されます。

　しかし、介護サービスを利用しているうちに、計画を立てた段階では気づかなかった不都合な事柄や不必要なサービスが出てきたり、利用者の心身状況が変わったりするなど、ケアプランそのものの見直しをしなければならない場面も出てきます。たとえば、利用者に新たな認知症の症状が現れたり、家族が遠方に引っ越してしまい介護をしてくれる人がいなくなったような場合です。そのような場合は、担当の

ケアマネジャーに相談して、現在の状況に合わせたケアプランへいつでも変更することができます。ケアプラン変更の手続きは、ケアプラン作成の手順とほぼ同じになります。

　なお、体調不良などにより臨時的に介護サービスの日程を変更した場合や利用者の住所変更など、それが「軽微な変更」だと認められる場合は、ケアプランを変更するための通常の手続きを踏む必要はありません。

状態が悪化したような場合

　要介護認定には有効期間があります。初回の認定は原則6か月とされ、2回目以降は原則1年です。要介護認定を受けた後に、状態が悪化したり、ケガなどで新たな症状が出たりしたときには、有効期間内でも変更の申請ができます。変更の申請手続きは、担当のケアマネジャーに代行してもらえます。

　区分変更の認定結果が出るのには通常1か月程度の時間を要するため、すぐに介護サービスを利用したい場合などは、「暫定ケアプラン」をケアマネジャーに作成してもらうことができます。

　暫定ケアプランとは、利用者やケアマネジャーが要介護度を推定して作成する一時的なケアプランのことで、要介護の認定結果が下りる前に介護サービスを利用することができるようになります。暫定ケアプランを作成しない場合は、介護サービス費の全額がいったん自己負担となり、認定後の申請により給付分が支払われることになるため、一時的とはいえ利用者に金銭的な負担がかかります。暫定ケアプランを作成することで、1〜3割の自己負担でサービスが利用できます。

　ただし、要介護認定の結果、想定していた要介護度よりも実際に認定された要介護度が低い場合は、限度額の差額分が全額自己負担となります。そのため、要介護度を過大に見積もり過ぎないように注意する必要があります。

10 利用者の費用負担

所得にあわせてサービス利用料を負担する

　介護保険のサービスを受けた場合、利用者は原則として1割のサービス利用料を自己負担します。これは、受けたサービスの量によって費用を負担するという応益負担の考え方によるものです。つまり、10万円のサービスを利用した場合は1万円を自己負担し、1万円のサービスを利用した場合は1,000円を自己負担するということです。サービスを過剰に受けることを抑制する狙いもあります。

　最近では社会保険財政が逼迫しており、収入に応じて費用を負担することも必要になってきました。つまり、所得が高い人にはそれ相応の負担をしてもらうということです。現在では、一定所得以上の65歳以上の高齢者は、自己負担割合が2割あるいは3割となっています。

　サービスを提供する事業者の視点で見れば、サービスに関する全費用のうち、利用者から1割（所得が一定以上の高齢者は2割あるいは3割）を受け取り、残りの9割（または8割か7割）を保険者である市町村から受け取ります。

　利用者負担の例外として、ケアプラン作成を行う居宅介護支援と介護予防支援は、保険者から全額が保険給付として支給されるため、利用者負担はありません。また、ケアプランは利用者本人が作成することも可能で、もちろんこの場合も自己負担はありません。利用者本人がケアプランを作成したからといって、居宅介護支援のように保険給付が受け取れるわけではないので注意が必要です。

　市町村が独自に実施する地域支援事業については、各市町村が負担割合を決定します。一般的には、包括的支援事業や任意事業は、自己負担をすることなく利用が可能です。介護予防・日常生活支援総合事

● 費用負担の方法 ‥‥‥‥‥‥‥‥‥‥‥‥‥‥‥‥‥‥‥‥‥‥

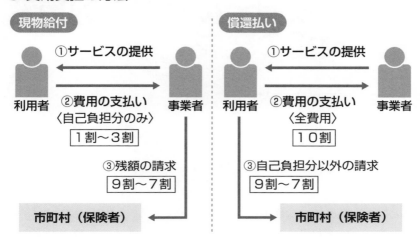

業は、原則として１割（または２割か３割）を自己負担しなければならないことが多いようです。

▌費用負担の方法

　費用負担の方法は、現物給付による方法と償還払いによる方法があります。

　現物給付とは、全費用の１割（または２割か３割）の自己負担分だけを事業者に支払い、残りの９割（または８割か７割）を事業者が保険者に請求する方式です。

　一方の償還払い方式は、利用者が全費用（10割）をいったん事業者に支払い、後から利用者が保険者に自己負担１割（または２割か３割）を除いた残りの９割（または８割か７割）を請求する方式です。

　償還払い方式は、一時的な費用負担や手続き負担が大きいため、現物給付で行われることが多いのが実情です。償還払い方式が行われるのは、住宅改修を行う場合や、介護保険料を滞納している状況で介護サービスを受けるような場合です。

11 低所得者に対する利用者負担の軽減

どんな負担軽減があるのか

　介護サービスを利用する人は、原則としてサービスに必要な費用のうち、1割が自己負担になります。このような定率による利用料の自己負担は、とくに所得が低い人で介護サービスの利用が多い人にとっては、生活を圧迫することになります。そのため、介護サービスの利用を控えることにつながりかねません。

　そこで、低所得者に対して利用者負担額軽減を認める制度が整えられています。ここでは、社会福祉法人などによる生計困難者等に対する介護サービスについての利用者負担額軽減制度と、特定入所者介護サービス費、高額介護サービス費、高額医療合算介護サービス費について取り上げます。各種軽減制度の運用の詳細は、市町村などによって異なりますので、必ず事前に確認しましょう。

① 利用者負担軽減制度

　利用者負担軽減制度とは、市町村が主体になって一定の介護サービス利用者の利用負担額の軽減を認める制度です。

　利用者負担軽減制度の対象者は、市町村民税が非課税の世帯にある者で、その者の収入や世帯状況など、さまざまな要素を考慮した上で、市町村が、生計の維持が困難であると認めた者です。また、生活保護受給者も対象に含まれます。具体的な要件は、以下のとおりです。

ⓐ　住民税非課税世帯であること

ⓑ　年間収入が基準額以下（原則として150万円以下）であること

ⓒ　預貯金などが基準額以下（原則として350万円以下）であること

ⓓ　日常生活に用いる資産以外に活用できる資産がないこと

ⓔ　親族などに扶養されていないこと

● 特定入所者介護サービス費の負担限度額 ………………………

（例）介護老人福祉施設（特別養護老人ホーム）、短期入所生活介護の場合

		基準費用額	負担限度額		
			第1段階	第2段階	第3段階
食　費		1,392円	300円	390円	650円
居住費	ユニット型個室	2,006円	820円	820円	1,310円
	ユニット型個室的多床室	1,668円	490円	490円	1,310円
	従来型個室	1,171円	320円	420円	820円
	多床室	855円	0円	370円	370円

ⓕ　介護保険料を滞納していないこと

　軽減される額は、食費・居住費を含む利用者負担額の4分の1に相当する金額を基本に、対象者の収入や世帯状況などを総合的に考慮した上で、市町村が個別に決定することになります。なお、老齢福祉年金受給者については、利用者負担額の2分の1に相当する額の軽減が認められます。生活保護受給者は、居住費の全額が軽減されます。

　この制度を利用する際に注意すべきなのは、社会福祉法人が実施する事業に限られていることです。サービスの利用を開始する前に、利用する事業所が対象になっているかを確認するとよいでしょう。

②　特定入所者介護サービス費

　特定入所者介護サービス費とは、介護保険施設に入所している者を対象に、所得や資産などに関する一定の要件を充たした場合に、負担限度額（上図）を超える居住費と食費の負担額について、介護保険からの給付が認められる費用のことです。特定入所者介護サービス費の支給を受けるためには、負担限度額認定を受ける必要がありますので、注意が必要です。以下の所得区分のうち第1段階から第3段階の者が対象に含まれます。

ⓐ 第1段階：生活保護者や、世帯全員が市町村民税非課税で、老齢
　　福祉年金受給者など
ⓑ 第2段階：世帯全員が市町村民税非課税で、本人の合計収入額が
　　80万円以下の場合
ⓒ 第3段階：世帯全員が市町村民税非課税で、本人の合計収入額が
　　80万円超の場合

　ただし、住民票上の世帯が異なっている場合であっても、配偶者が
市民税課税の場合、預貯金などが単身で1,000万円、夫婦で2,000万
円を超える場合は、この軽減制度を利用することができません。

　また、介護老人福祉施設（特別養護老人ホーム）、介護老人保健施
設、介護医療院、短期入所生活介護、短期入所療養介護を利用した際
の食費と居住費が対象となります。グループホームや有料老人ホーム
を利用した際にはこの軽減を受けることはできません。

③ 高額介護サービス費

　高額介護サービス費とは、同じ月に利用した介護サービスの自己負
担額が次ページの図の上限額を超えた場合は、その上限額を超えた分
が後日支給される制度です。上限額は、所得に応じて設定されており、
所得が低い人ほど自己負担額が小さくなるようになっています。

　高額介護サービス費の対象となるサービスは、介護給付、予防給
付、介護予防・日常生活支援総合事業の一部の介護サービスです。ま
た、各サービスを合算することもできます。たとえば、同じ月に利用
した通所介護サービスと訪問介護サービスで支払った自己負担額を合
算して、所得に応じた上限額を上回る場合は対象となります。ただし、
福祉用具の購入費や住宅改修費、施設サービスを利用したときの食費、
居住費、日常生活費は含まれません。

　申請は市町村へ行います。毎月申請をする必要はなく、一度申請す
ると、その月以降も適用されます。

④ 高額医療合算介護サービス費

● 高額介護サービス費上限額 ··

区　分	上限額
現役並み所得者（※）	44,400 円
市民税課税世帯	
市民税非課税世帯	24,600 円
市民税非課税世帯のうち老齢福祉年金受給者または課税所得 80 万円以下の方	15,000 円
生活保護の受給者	15,000 円

※ 同一世帯に課税所得 145 万円以上の第1号被保険者がいて、収入が単身 383 万円以上、2人以上 520 万円以上の者

　介護保険制度上の軽減として、高額介護サービス費という制度があります。一方で、医療保険制度上の軽減として、高額療養費という制度があります（⇨ P.159）。高額療養費も高額介護サービス費と同様、医療費の自己負担分が高額になった場合に払戻しを受ける制度です。

　このような高額介護サービス費や高額療養費が適用された後においても、自己負担が 0 円になることはありません。毎月、介護と医療の両方を継続して受けている人にとっては、年間を通じて高額になってしまうケースもあります。

　そのため、介護保険と医療保険のそれぞれの月の限度額を適用した後、8 月から翌年 7 月の 1 年間に支払った介護保険・医療保険の両方の自己負担合計額が上限額を超えた場合は、超えた分が後日支給されます。

　課税所得が 145 万円以下で世帯員全員が住民税非課税世帯でない場合は、高額介護サービス費と高額療養費を適用した後の自己負担額が年間 56 万円以上のときに、超えた差額が高額医療合算介護サービス費として支給されます。

12 支給限度額

介護サービスには限度額がある

　介護保険制度では、受けたい介護サービスを無制限に利用できるわけではありません。仮に無制限に利用できるとすると、国などが負担する介護給付費が膨らむばかりでなく、本当に利用したい人が利用できないということになりかねません。

　また、介護は医療と異なり生活に密接に関連したものであるため、利用の歯止めがかけにくいと言われています。そのため、支給限度基準額を設定し、利用に際して一定の制限を設けています。

　支給限度基準額は、①区分支給限度基準額、②種類支給限度基準額、③福祉用具購入費支給限度基準額、④住宅改修費支給限度基準額に分けられます。中でも区分支給限度基準額が最も重要です。

　区分支給限度基準額は、要介護度別に定められた上限額です。この上限額は、要介護度が高くなれば、必要なサービスの量も増えていくため、高く設定されています。たとえば、要介護度1の人は16万7,650円、要介護度5の人は36万2,170円と月単位で定められています（2019年10月以降で、1単位＝10円の場合）。自己負担割合が1割の場合は、この金額まで介護保険が適用されますが、これ以上になると介護保険が適用されず全額自己負担になります。

　種類支給限度基準額は、市町村が独自に、区分支給限度基準額の範囲内で個別の種類のサービスに設定した上限額です。地域によって供給できるサービスの量が少ない場合があります。たとえば、離島などで訪問介護の事業所が少ない場合などです。この場合、市町村は訪問介護の利用に上限額を設けることが可能です。

　福祉用具購入費や住宅改修費は、サービスの消費ではなく資産の形

● 区分支給限度基準額 ‥‥‥‥‥‥‥‥‥‥‥‥‥‥‥‥‥

区分支給限度基準額：介護サービスの利用に際しての一定の制限 ∴ケアマネジャーは上限額を意識してケアプランを立てる必要がある		
要介護度ごとの 区分支給限度基準額	要介護1	167,650 円
	要介護2	197,050 円
	要介護3	270,480 円
	要介護4	309,380 円
	要介護5	362,170 円
	要支援1	50,320 円
	要支援2	105,310 円

成として考えられているため、上限額が設定されています。具体的には、福祉用具購入費は年額10万円まで、住宅改修費は1回に限り20万円までとされています。

支給限度内でケアプランを立てる

　区分支給限度基準額を超えて介護サービスを利用した場合、全額自己負担をしなければなりません。1割の自己負担で済んでいたものが10割の自己負担になるため、利用者にとって負担は大きいといえます。そのため、ケアプランを立てる段階で、ケアマネジャーは上限額を意識してケアプランを立てる必要があります。上限額を超えそうな場合は、利用者の生活に支障がない範囲内でサービスを減らすなどの提案を行う必要があります。また、上限額を超える場合は、要介護度の認定が適正でないこともありますので、要介護度の変更も考慮に入れる必要があります。

　区分支給限度基準額は、在宅サービスにおいて適用されます。介護保険施設、グループホーム、特定施設入居者生活介護などのサービスは1日単位で利用料が定められているため、区分支給限度基準額を考慮する必要はありません。

13 定率負担の原則の例外

保険給付の対象外になる場合もある

　介護保険制度では、保険給付の対象となるサービスに関して１割を自己負担するのが原則です。直接利用者に提供される介護サービスは保険給付の対象として扱われます。しかし、保険給付の対象とならないサービスに関しては、原則として全額を自己負担します。たとえば、居宅サービスなどで区分支給限度基準額を超えた場合、介護サービスに付随して提供される食費や居住費などが生じた場合、日常生活上での費用が生じた場合、などが挙げられます。

居宅サービスの費用負担

　訪問介護サービスや通所介護サービス（デイサービス）においては、直接的な介護サービス以外に、交通費、食費、その他日常生活の費用が発生する可能性があります。

　交通費に関しては、事業所が運営規程で定めるサービスの提供範囲で送迎などを行う場合、介護報酬に含めます。市町村単位で提供範囲を決めているのが一般的ですので、サービスを提供していない市町村に住む利用者は、事業者が別に定める交通費を全額負担する必要があります。

　食費に関しては、利用者が全額自己負担をします。事業者はあらかじめ運営規程などで料金を定めておく必要があります。

　日常生活上の費用に関しても、原則として全額自己負担をします。オムツ代、クラブ活動などで生じた材料費などが該当します。一方で、一律に提供されるイベントなどの材料費は事業者が負担するものとされています。日常生活上の費用については、「通所介護事業所等にお

● 保険給付対象外の費用 ·····························

居宅サービス	交通費	サービスを提供していない市町村に住む利用者は全額自己負担
	食費	利用者が全額自己負担
	その他日常生活の費用	利用者が全額自己負担（原則）※オムツ代、クラブ活動の材料費など
施設サービス	①介護保険施設や短期入所サービス	・食費・居住費を全額自己負担　⇒費用軽減あり・オムツ代は自己負担不要
	②グループホームや特定施設（有料老人ホーム）	・食費や居住費（もしくは家賃）を全額自己負担　⇒別途、電気代なども自己負担・オムツ代も全額自己負担（市町村が助成を行っている場合あり）

　ける日常生活に要する費用の取り扱いについて」という厚生労働省の通達が出ているので、参考にするとよいでしょう。

施設サービスの費用負担

　施設サービスにおいては、①介護保険施設や短期入所サービスと、②グループホームや有料老人ホームのような特定施設では、扱いが異なります。どちらも食費や居住費（あるいは家賃）を全額自己負担することは同じです。ただし、①の施設では、生活する上で必要最低限のものであるため、費用軽減を受けられる場合があります（⇨ P.77）。②の施設では、別に電気代なども自己負担する必要があります。

　オムツ代については、①の施設ではサービス費用に含まれており、自己負担はありませんが、②の施設では全額自己負担する必要があります。市町村独自でオムツ代の助成を行っている場合もあるので、住んでいる市町村に問い合わせてみましょう。

　その他、理美容代や個人的に読むための新聞、嗜好品などは全額自己負担する必要があります。

住所地特例について

　介護保険制度では、原則として、利用者の住民票がある市町村を保険者として介護サービス費を受給するしくみがとられています。これに対して例外的に、転居した後も、転居前の市町村から介護保険費を受給することが認められる場合があります。これを、住所地特例といいます。

　たとえば、もともと札幌市に住民票を置いて居住していた人が、大阪市に転居して、有料老人ホームに入所したとします。この場合、転居前の札幌市において介護サービスを利用していた場合には、札幌市から介護保険費を受給していたことはもちろんですが、転居した大阪市における有料老人ホームの利用に関する費用についても、転居前の札幌市に対して、介護サービス費用の支給を申請することができるということです。

　住所地特例は、有料老人ホームなどの特定施設が一定の市町村に偏在していることを考慮して設けられました。一定の介護施設などが偏在している市町村には、その施設の利用を目的として要介護者などが集中するおそれが高いといえます。その場合、その市町村は、介護保険費として拠出しなければならない費用が相対的に他の市町村より高くなるおそれがあり、市町村の財政を圧迫する可能性があります。そのため、転居後に一定の施設に入所する人について、転居前の市町村が介護保険費を負担することで、特定の市町村の負担を軽減することが可能になります。

　住所地特例が認められる一定の施設には、介護老人福祉施設、介護老人保健施設、介護療養型医療施設、養護老人ホーム、特定施設（介護付有料老人ホーム、軽費老人ホーム、サービス付き高齢者向け住宅）が含まれます。

第3章

介護サービス事業者が
知っておくべきこと

1 介護事業者と介護事業所の開設

介護事業者とは

　介護事業者とは、介護サービスや施設サービスなどを提供する事業者です。介護保険法に基づく介護サービスや施設サービスなどを提供する事業者は、都道府県や市町村による指定を受けなければなりません。

　介護事業は、利用者の生活に関わる重要な事業です。また、税金などの公的な資金が使用される事業でもあるため、都道府県や市町村などが業務の適正を管理する必要があります。このようなことから、介護保険法に基づくサービスを提供する事業者に、指定がなされるようになりました。

　介護事業者について、介護保険法は、①指定居宅サービス事業者、②指定地域密着型サービス事業者、③指定居宅介護支援事業者、④介護保険施設、⑤指定介護予防サービス事業者、⑥指定地域密着型介護予防サービス事業者、⑦指定介護予防支援事業者の7つに分類しています。

　指定介護事業者は増加の傾向にあります。2017年時点で、介護サービス事業所では、訪問介護が3万5,311事業所、通所介護が4万4,089事業所（地域密着型通所介護含む）となっています。また、介護保険施設では、介護老人福祉施設が7,891施設となっています。

介護事業を開設するには

　介護保険に基づく介護サービスを提供する介護事業の開設においては、下記のような要件があります。
①　法人であること
②　人員基準、設備基準、運営基準を充たしていること

● 介護事業者 ·····································

定　義	介護サービスや施設サービスなどを提供する事業者
要　件	都道府県や市町村から指定を受ける
指定権者による分類	（都道府県による指定） ・指定居宅サービス事業者 ・指定介護予防サービス事業者 ・介護保険施設 　（市町村による指定） ・指定地域密着型サービス事業者 ・指定地域密着型介護予防サービス事業者 ・指定居宅介護支援事業者 ・指定介護予防支援事業者

③　欠格事項に該当していないこと

①では、継続性に不安のある個人経営の介護施設は開設できません。②については、後述します。

③の欠格事項には、申請する法人が、介護保険法、労働に関する法律などにより罰金刑に処せられているとき、申請前5年以内に居宅サービスなどに関し不正を行っているとき、などがあります。これらの欠格事項に該当すると、介護サービス事業者として不適格とされます。

これらの要件を充たした申請者などが、都道府県や市町村の指定を受けて、介護サービスの提供を開始することができます。

どんな基準があるのか

指定は、サービスごと、事業所ごとに受けなければなりません。

指定を受けるためには、基準という要件を充たす必要があります。この基準は、介護保険法、政令、厚生労働省令、通知、条例などが根拠となっています。

基準には、①人員基準、②設備基準、③運営基準などがあります。

① 人員基準

　職員の資格や人数、勤務体制などについて充たさなければならない要件です。介護事業を運営するためには、ある一定の能力を有する者が必要になります。たとえば、リハビリテーションを行うには、理学療法士や作業療法士などが必要です。

　また、サービスの内容によっては、必要となる人数や勤務体制なども整備されていなければなりません。そこで、人員基準が厳格に設けられています。

　たとえば、居宅介護支援事業の人員基準では、常勤のケアマネジャーと管理者がいなければなりません。

　他にも、通所リハビリテーションの人員基準は、医師や理学療法士・作業療法士・言語聴覚士・看護師・准看護師・介護職員の設置について定めています。具体的には、利用者数が10人を超える場合には常勤の医師が1人必要になることや、理学療法士・作業療法士・言語聴覚士・看護師・准看護師・介護職員について、通所リハビリテーションの提供にあたる者が、利用者10人に対して1人は必要になることなどが規定されています。

② 設備基準

　施設に必要となる要件です。介護サービスを運営するには、どのような施設でもよいわけではありません。サービスの内容によって必要となる設備が異なることが考えられます。そのため、設備基準についても厳格に定められています。たとえば、居宅介護支援事業の設備基準としては、施設が事業の運営を行うために必要な広さを有する専用区画であること、サービス提供に必要な設備・備品があること、などが定められています。具体的には、相談室が、プライバシーが守られるよう配慮されていることや、会議室としてのスペースが確保されていること、個人情報が管理できる鍵付きのキャビネットや書庫があること、などです。

他にも、通所リハビリテーションの施設基準として、利用者1人あたりの面積や器械・器具について定められています。具体的には、食堂と機能訓練室の合計面積が利用者1人あたり3㎡以上あること、通所リハビリテーションを行うために必要な器械・備品、消火設備などを備えていること、などです。

③　**運営基準**

　介護サービスを提供するための手順や配慮すべき事項です。運営において、事業者の利益と利用者の利益は必ずしも一致するとは限りません。事業者が利益追求に専念すると、利用者の利益を害することになる可能性があります。そこで、運営基準も厳格に定められています。

　たとえば、サービスの提供にあたり、利用者やその家族に運営規程の概要などの重要事項を記載した文書を交付し、同意を得なければなりません。また、正当な理由なく介護サービスの提供を拒んではならないことや、居宅介護支援の提供にあたり被保険者証の確認をしなければならないことなども規定されています。これらは、介護サービスを提供する上で必要な手続きについて定めた規定です。他にも、利用者の意思をふまえて必要な協力をすることや、医療機関や他のサービス提供者との密接な連携に努めることなど、利用者のニーズに応えるために事業者が行うべきことについて定めた規定もあります。

　以上の基準の他にも、介護予防のための効果的な支援の方法に関係する基準など、サービスの内容により、サービスの提供が適切なものとなるように基準が定められています。

　これらの基準は、都道府県や市町村により異なります。それぞれの都道府県や市町村において、その地域の特性や利用者の数などを考慮し、適切な介護サービスの提供が実現できるよう、詳細に定められています。

2 介護事業の指定

基準をクリアするとどうなる

　介護保険法に基づく介護サービスを提供するためには、都道府県や市町村による指定を受けなければなりません。都道府県や市町村はそれぞれ、介護保険法に従い、指定をするための基準を設けています。その基準をクリアした事業者のみ指定が受けられ、介護サービスの提供を開始することができます。

　また、指定を受けることにより、介護報酬を請求することができます。介護報酬は、原則として、利用者が１割、保険者が９割負担することになっています。事業者は、指定を受けて介護サービスを提供すると、保険者である市町村に介護報酬の９割を請求することができます。

　一度指定を受けると介護事業者としていつまでも介護サービスの提供を継続できるわけではなく、指定は６年ごとに更新しなければなりません。これを指定の更新制度といいます。指定の更新制度は、事業者が指定基準を遵守していることを定期的に確認するために導入された制度です。都道府県や市町村が、定期的に指定基準を遵守していることを確認することにより、介護サービスの質を確保することにつながります。

　６年ごとに行われる指定の更新を受けなければ、指定の効力は失われます。そうすると、介護事業者は、保険者である市町村に介護報酬の請求ができなくなります。したがって、介護事業者は、有効期間の満了までに更新手続きを行わなければなりません。

　指定を受けた介護事業者に対し、各自治体が制度に関する講習や虐待防止のための実地での指導など（指導監督）を行います。指導監督も、介護サービスの質を確保するためになされます。

● 介護事業指定の手続き ··························

事前相談	申請に関する質問・事業計画の確認・申請書の記載 など（都道府県・市町村によっては必須ではない）
指定研修	介護保険法や関係法令、適切なサービス提供に関連する事項、申請のための注意などに関する研修
指定申請	申請書の提出
申請書の受理・審査	申請内容が人員基準、設備基準などを充たしているかを審査
指定	審査で基準を充たした場合に指定を受けることができる

　指定を受けた後、基準を充たさなくなったような場合には、指定の取消しがなされます。2017 年の指定取消は約 257 件です。指定の取消しは、不正請求など不法な行為を行った場合にもなされます。

▌指定を受ける手続き

　指定を受けるには、都道府県や市町村が定めた手続きに沿って申請をしなければなりません。

　まず、申請前に事前相談が必要になることがあります。事前相談の内容としては、申請における質問や、事業者の事業計画の確認、申請書の記載についてなどです。この事前相談は、必須ではないとしている都道府県や市町村もあります。しかし、滞りなく手続きを進める上で、事前相談をしておくことは重要です。都道府県や市町村によっては、事前相談に予約が必要な場合もあります。

新規で指定を受ける場合、指定前研修が必要となることがあります。指定前研修では、介護保険法や関係法令について、適切なサービス提供に関連する事項、申請のための注意などについて説明を受けます。これは、適切な介護サービスの提供を目的としてなされる研修です。介護事業者として指定を受ける場合、必ず受けなければなりません。指定前研修を受ける者は、事業所の管理者になる者または法人の代表者です。東京都では、毎月15日前後に指定前研修を開催しています。

指定申請は、申請書を提出することで行えます。申請書の提出においては、添付書類を含む申請書類一式を申請受付期間内に提出しなければなりません。申請書類一式の内容は、サービスによっても多少異なります。そのため、書類の漏れなどがないように注意しなければなりません。また、人員・設備基準などの基準を充たしていることなども十分に確認した上で申請書類一式を提出する必要があります。

適法に申請書類一式が提出されると、申請が受理されます。申請期間経過後の提出や、書類の不備などがあると申請書は受理されません。

申請書が受理されると、審査が行われます。審査は、申請内容が人員基準、設備基準などを充たしているかという点についてなされます。また、審査の際に現地調査がなされることもあります。これらの審査において、基準を充たしていると判断されると、指定が受けられます。

以上の指定を受ける手続きについては、都道府県や市町村ごとに異なります。また、サービスの内容によっても必要となる書類や手続きが異なることがあります。そのため、指定を受ける場合は、事業を行う都道府県や市町村のホームページなどで手続きを確認する必要があります。

みなし特例とは

みなし特例とは、他の制度ですでに指定を受けている事業者や施設

について、指定を受けている事業者・施設とみなす特例のことです。

　たとえば、健康保険法により保険医療機関・保険薬局として指定された医療機関や薬局は、介護保険法による医療系サービスの事業者として指定されたものとみなす規定があります。みなし特例により、医療機関が行うことができるサービスは、訪問看護、居宅療養管理指導、短期入所療養介護、訪問リハビリテーション、通所リハビリテーションです。薬局の場合、居宅療養管理指導について指定されたとみなされます。

　他の例としては、介護老人保健施設や介護療養型医療施設があります。介護老人保健施設の許可を受けた場合、短期入所療養介護、介護予防短期入所療養介護、通所リハビリテーション、介護予防通所リハビリテーションについて、みなし特例が適用されます。介護療養型医療施設の場合、短期入所療養介護、介護予防短期入所療養介護について、指定があったとみなされます。

　また、介護保険法施行前に、老人福祉法に基づいて設立した特別養護老人ホームについて、改めて申請しなくても、指定介護老人福祉施設としてみなす規定もあります。

　他にも、基準該当サービスという制度があります。これは、都道府県の指定の要件を一部充たさない事業者について、サービス提供の実態があり、一定の水準を充たすサービス提供を行っている場合、市町村の判断によって、そのサービスを保険給付の対象とする制度です。

　介護保険制度においては、都道府県や市町村の指定を受けることが原則です。しかし、必ず指定を受けることとすると、手続きとして煩雑になることや、不要な手続きを行わせてしまうこともあります。その不利益を避けるために、みなし特例は規定されています。

3 介護報酬

介護報酬とは

介護報酬とは、事業者が要介護者や要支援者に介護サービスを提供した場合に、介護サービスの対価として事業者に支払われるサービス費用です。

介護報酬が支払われるまでの流れとしては、まず、利用者が介護サービスを受けなければなりません。利用者とは、要介護または要支援認定を受けた者です。利用者が介護サービスを受けると、サービス事業者から介護報酬の請求を受けます。そして、利用者がサービス事業者に負担額を支払います。利用者負担額は、原則として、介護報酬の１割分です。その後、サービス事業者が保険者（市町村）に介護給付費などの請求をします。この請求に基づいて、保険者はサービス事業者に介護給付費を支払います。保険者が支払う介護給付費は、原則として、介護報酬の９割分です。

介護報酬は、介護サービスごとに設定されています。まず、各介護サービスの提供における基本的な単価が定められています。そして、各事業所のサービス提供体制や利用者の状況などに応じて加算・減算されるしくみになっています（⇨巻末 P.184 ～ 191）。

介護報酬はどのように決定するのか

介護サービスを提供するにも、さまざまな費用がかかります。たとえば、サービスを実際に提供する者を雇うと人件費がかかり、施設による介護サービスでは施設を運営するための費用がかかります。そのため、事業者も介護サービスのために一定の報酬を受けなければなりません。

● 介護報酬

介護報酬	事業者が要介護者・要支援者に介護サービスを提供した場合の介護サービスの対価 原則、1単位＝10円としてサービスごとに算出される

<table>
<tr><td rowspan="4">介護報酬が支払われるまでの流れ</td><td>① 利用者が介護サービスを受ける</td></tr>
<tr><td>② サービス事業者から利用者が介護報酬の請求を受ける
⇒利用者は自己負担額を支払う
★利用者負担額：（原則）介護報酬の1割分</td></tr>
<tr><td>③ サービス事業者が保険者（市町村）に介護給付費などの請求を行う</td></tr>
<tr><td>④ 保険者がサービス事業者に介護給付費を支払う
★保険者が支払う介護給付費：（原則）介護報酬の9割分</td></tr>
</table>

　しかし、報酬の額を当事者で決めることができるとすると、さまざまな不都合が生じる可能性があります。たとえば、同じ介護サービスを提供している事業者が多いために、報酬の価格競争が起き、安価で質の悪い介護サービスが提供されてしまうかもしれません。逆に、不当に高額な介護報酬を請求する可能性もあります。このような不都合が生じないようにするために、介護報酬については、基準額が定められています。

　介護報酬の基準額は、厚生労働大臣により決められます。厚生労働大臣は、介護報酬の基準額を決定する際に、介護給付費分科会の意見を聴かなければなりません。介護給付費分科会は、有識者や業界団体・自治体の代表などによって構成されています。

　介護報酬を決定する際には、介護サービスの内容・種類、利用者の要介護度、地域ごとの特性などが総合的に考慮されます。これらの事情を総合的に考慮した上で詳細に介護報酬を決定することは、質の高い介護サービスの提供にもつながります。

介護報酬は原則3年に一度改定されます。直近では、2018年に改定が行われました。その後、2019年10月の消費税増税に合わせて臨時的に改定が行われています。

　なお、介護予防・日常生活支援総合事業については、市町村がサービスの報酬を決定します。そのため、介護予防・日常生活支援総合事業の報酬は市町村ごとに異なります。

どのように算出するのか

　介護報酬は、単位という単価によって決められます。介護報酬の1単位は10円を基準としています。たとえば、ある介護サービスについて10単位と単価が定められていた場合、その介護サービスを提供すると、10円×10単位＝100円の介護報酬を得ることができます。

　単位は、一律に10円となっているわけではありません。人件費や物件費などを考慮して、細かく設定されています。具体的には、地域ごとに人件費や物件費に差があるため、その差を調整するために地域区分が設定されています。地域区分は、1級地〜7級地とその他の8つの区分があり、人件費や地価が高い都市部では単価が高く設定されています。

　また、サービスの種類も考慮して、単価が設定されています。これは、サービスごとに異なる人件費の割合を単位に反映させるためです。サービスの種類による区分は、人件費割合70％、55％、45％と3つの区分に分けられています。

　たとえば、東京23区は1級地にあたり、人件費割合70％の訪問介護は、1単位11.40円となります。一方、長野県松本市は7級地にあたるため、訪問介護は1単位10.21円です。

　介護報酬は、原則、利用者が1割負担し、保険者が9割負担します。サービス事業者は、利用者に対しては、介護サービスを提供して介護報酬を請求します。保険者に対しては、介護サービスの実績に応じた

介護報酬を各都道府県の国民健康保険団体連合会に請求します。

　居宅療養管理指導や福祉用具貸与については、地域ごとの差はありません。

最近の介護報酬改定のポイント

　2018年には、介護報酬と診療報酬の同時改定が行われました。「地域包括ケアシステムの推進」や「自立支援、重度化防止のための質の高い介護サービスの実現」など、より医療と福祉の連携を意識した目標が掲げられています。「地域包括ケアシステムの推進」では、中重度の在宅要介護者への医療ニーズの対応や、医療と介護の複合的ニーズへの対応のために、介護医療院が創設されました。「自立支援、重度化防止のための質の高い介護サービスの実現」では、重度化を防止して、医療への依存度を下げるために、リハビリテーションへの医師の関与の強化、アウトカム評価（成果報酬）の拡充などが行われています。

　また、福祉用具レンタルの上限額の設定や、通所介護の基本報酬のサービス提供時間区分の見直し、定期巡回型サービスのオペレーターの選任要件の緩和などの見直しも行われました。

　2019年10月の改定では、消費税が8％から10%に引き上げられたことにともない、介護報酬の基本報酬も引き上げられました。また、施設サービスを利用した際に発生する食費や居住費に関しても、消費税引き上げによる影響分について上乗せを行っています。具体的には、基準費用額（⇨ P.77）が、食費で1,380円から1,392円、居住費（ユニット型個室）で1,970円から2,006円に引き上げられました。

　さらに、大きな改定内容としては、介護職員の処遇改善を図るために、新たな加算が創設されたことが挙げられます。この加算では、経験・技能のある職員を中心に、月平均8万円以上の加算あるいは年収440万円のどちらかが確保されるようにしなければなりません。

4 介護報酬の加算・減算

加算・減算について

　介護報酬の単位は、地域ごと、サービスごとに詳細に決められています。しかし、それだけで介護報酬が一律に決まるわけではありません。介護報酬には、加算となる要件があります。

　加算は、事業者にとってはインセンティブになります。つまり、より良いサービスのために人員を充実させたり、利用者のニーズに合ったサービスを行うことで、それに対して報酬が加算されます。これにより、事業者は人件費を手厚くしたり、新しい事業所を開設する費用をまかなうことができます。それらは、最終的にはサービスの質向上につながり、利用者へ還元されることになります。

　一方、介護報酬には減算もあります。減算は、定められた基準を充たさなくなったり、一定の条件を下回ったりした場合になされます。基本の単価から減算となるため、長く続くと事実上、事業所の運営を継続することが難しくなります。

どんな加算があるのか

　介護報酬の加算には、体制加算と実施加算の2つの種類があります。体制加算とは、算定基準に定められた体制が整ったときに算定できる加算です。実施加算とは、定められた一定のサービスを実施することで算定できる加算です。

　体制加算の例として、サービス提供体制強化加算があります。これは、介護福祉士の割合が一定以上、または、直接介護にかかわる職員（勤続年数3年以上）が一定以上いることで算定できる加算です。

　実施加算の例としては、中山間地域等に居住する者へのサービス提

● 介護報酬の加算と減算 ……………………………………………

| 加算・減算 | 介護報酬は、地域ごと・サービスごとの基本単価だけでなく、加算と減算が行われる |

加　算	減　算
・算定基準に定められた体制が整った時 　⇒**体制加算** 　例）サービス提供体制強化加算 ・定められた一定のサービスを実施した時 　⇒**実施加算** 　例）中山間地域等に居住する者へのサービス提供加算	・定められた基準を満たさない、一定の条件を下回った時 　⇒**減算** 　例）運営基準減算、人員基準欠如減算

供加算があります。これは、通常の事業の実施地域を超えて、中山間地域に居住する利用者に対して、訪問介護などの介護サービスを提供した場合に算定することができる加算です。

　介護報酬の加算を受けるためには、各加算の要件を充たした上で、事前に届出を提出しなければなりません。

どんな減算があるのか

　減算の例として、運営基準減算があります。これは、居宅介護支援費を算定するための減算のひとつです。たとえば、居宅サービス計画の内容について介護支援専門員が、利用者やその家族への説明を行っていない場合、減算がなされます。また、人員基準で定められた人数よりも介護職員や看護職員が少ない場合は、人員基準欠如減算がなされます。

　介護報酬の加算や減算を通じて、介護サービスの提供が困難な地域でのサービスの提供や、介護サービスの質の向上が図られています。

介護サービスを提供する運営主体

　介護サービスを提供する運営主体には、社会福祉法人、医療法人、株式会社、NPO法人などさまざまな種類があります。

　社会福祉法人は、社会福祉法に基づいて社会福祉事業を行うために設立された法人です。非営利の組織であるため税制上は非課税となっています。社会福祉事業は、高齢者を対象とした事業、障害者を対象とした事業、児童を対象とした事業に分けられ、高齢者を対象とした事業は、さらに第1種社会福祉事業、第2種社会福祉事業に分けられます。第1種社会福祉事業には、介護老人福祉施設（特別養護老人ホーム）や軽費老人ホーム（ケアハウス）が該当し、国、地方自治体、社会福祉法人のみが運営主体となります。第2種社会福祉事業には、訪問介護や通所介護などの居宅サービスがあり、株式会社やNPO法人でも運営することが可能です。

　医療法人は、医療福祉法に基づく法人で、介護老人保健施設や病院、診療所を開設することができます。税制上の優遇も受けられます。

　株式会社は、会社法により比較的簡単に設立することができます。前述のとおり第2種社会福祉事業を行うことができます。

　NPO法人は、特定非営利活動促進法に定められた法人です。介護事業所を開設する場合、20種類の活動分野のうち「保健、医療又は福祉の増進を図る活動」に該当します。株式会社と同じく、第2種社会福祉事業を行うことができます。

　運営主体によって、実施できる介護サービスは異なりますが、同じサービスであれば、介護の質が異なることはありません。国が定める指定基準は運営主体が異なっても同じだからです。しかし、医療法人であれば、「医療の連携が取れる」、社会福祉法人であれば、「入所施設がある」などの強みがあります。

第4章

介護サービスの内容

1 訪問介護

サービスの内容

　訪問介護とは、ホームヘルパーが、要介護者などの居宅を訪問し、入浴・排せつ・食事などの介護や、調理・洗濯・掃除といった家事などを提供するサービスです。

　訪問介護は、内容に応じて、身体介護、生活援助、通院等乗降介助に分類することができます。

　身体介護は、要介護者などの身体に直接接触して行われるサービスなどです。たとえば、入浴介助、排せつ介助、食事介助などがあります。

　生活援助は、身体介護以外で、要介護者などが日常生活を営むことを支援するサービスです。たとえば、調理、洗濯、掃除などがあります。

　通院等乗降介助は、通院などのための乗車や降車の介助を行うサービスです。乗車前や降車後の移動介助などの一連のサービスも含まれます。

　訪問介護において、直接利用者の援助に該当しないサービスや、日常生活の援助の範囲を超えるサービスを受けることはできません。直接利用者の援助に該当しないサービスとは、たとえば、利用者の家族のために家事などを行う行為です。また、日常生活の援助の範囲を超えるサービスには、草むしりやペットの世話、正月の準備などがあたります。

　訪問介護サービスを提供できる事業者は、都道府県の指定を受けた指定訪問介護事業者や、市町村が認めた基準該当訪問介護事業者などです。訪問介護サービス提供責任者は、介護福祉士や実務者研修修了者、旧ヘルパー1級の修了者などです。訪問介護サービスを提供する事業者は、サービスを提供するために、これらの訪問介護を提供でき

● 訪問介護とは ……………………………………………………

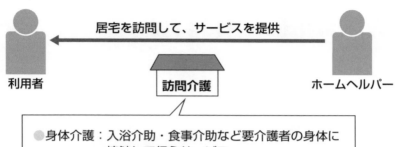

居宅を訪問して、サービスを提供

利用者　　　　　　　　訪問介護　　　　　　　ホームヘルパー

- ●身体介護：入浴介助・食事介助など要介護者の身体に
  接触して行うサービス
- ●生活援助：調理・洗濯など日常生活を営むことを支援
  するサービス
- ●通院等乗降介助：通院などのための乗車・降車の介助

る者を一定数配置しなければなりません。

　訪問介護サービス提供責任者は、訪問介護計画の作成、要介護者の状態変化に合わせた訪問介護計画、居宅介護支援事業者との連携などを業務とします。これらの業務を適正に行うことにより、適切な訪問介護の提供を実現することができます。

利用料金

　訪問介護の利用料金は、サービスの内容や時間に応じて詳細に定められています。

　まず、サービスの内容により、身体介護中心型、生活援助中心型、通院等乗降介助に分けられます。そして、どの時間帯で、何時間利用したか、また、どのサービスを組み合わせたかなどにより、料金が変わります。たとえば、身体介護中心で、20分以上30分未満利用した場合、利用者負担は249円と定められています。なお、料金は、利用者などの所得や居住する地域によっても異なります。

2 訪問入浴介護

サービスの内容

訪問入浴介護とは、利用者の居宅における入浴の援助を行うサービスです。

介護保険法は、要介護状態となった者の自立した日常生活を支援することをめざしています。入浴は、利用者の身体の清潔を保持するために重要です。自立した日常生活を営むためには、居宅での入浴は重要だといえるでしょう。また、清潔であることは心身の機能を維持するためにも欠かせません。そこで、援助を行うことにより、居宅でも入浴を実現できるように、訪問入浴介護が規定されました。

訪問入浴介護を行うには、人員と設備などについて要件を充たした指定訪問入浴介護事業者でなければなりません。

訪問入浴介護の人員基準については、看護職員（看護師または准看護師）１名以上、介護職員２名以上が要件となっています。訪問入浴を実際に行う際には、看護職員１人と介護職員２人、または、介護職員３人が必要になります。

また、指定訪問入浴介護事業者は、常勤の管理者を置かなければなりません。これは、適正な訪問入浴介護を保障するためです。

訪問入浴介護を受けるには、要介護１～５のいずれかに認定されなければなりません。要支援１・２と認定された者に提供されるサービスは、介護予防訪問入浴介護です。

訪問入浴介護は、看護職員と介護職員が利用者の自宅に、浴槽を持参して提供します。訪問入浴介護には、全身入浴と部分入浴があります。部分入浴には、手浴、足浴、陰部洗浄、洗髪などがあります。また、体を拭くだけの清拭を行うこともあります。

● 訪問入浴介護

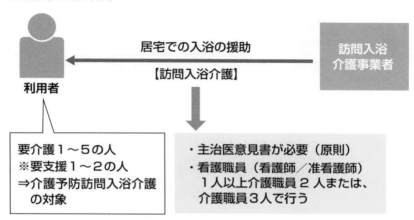

入浴は、体力を要するもので、利用者に大きな負担となることもあるため、訪問入浴介護を利用するには、主治医意見書や健康診断書が必要になる場合があります。

また、訪問入浴介護は、浴槽を運び、入浴を援助するサービスであるため、浴槽の運び込み方法についても事前に確認する必要があります。

そして、訪問入浴介護計画を作成し、その計画に従って、訪問入浴介護が実施されます。実施においては、入浴の前後に、看護職員や介護職員により、体温や血圧などの測定が行われます。

利用料金

訪問入浴介護の利用者負担は、看護職員1名と介護職員2名で行われる場合、1回につき1,256円です。部分入浴や清拭の場合、879円となります。介護職員3名で行う場合、利用者負担は1,193円です。これらの利用料金は利用者の居住する市町村によって異なり、利用者などの所得によっても異なります。

3 訪問看護・訪問リハビリテーション

訪問看護とは

　訪問看護とは、看護師などが、疾患のある利用者の自宅を訪問し、主治医の指示に基づいて療養上の世話や診療の補助を行うサービスです。

　サービスの対象となるのは、医師の判断により、訪問看護が必要であるとされた要介護者です。

　サービスの提供者は、病院・診療所と訪問看護ステーションです。実際にサービスを提供する者は、看護師、准看護師、保健師、理学療法士、作業療法士、言語聴覚士です。

　医師の指示に基づいて、病院・診療所や訪問看護ステーションから看護師などが利用者の居宅を訪問し、血圧の測定や病状のチェックなど医療的なケアを行います。また、ターミナルケアも重要です。ターミナルケアとは、終末期の痛みの緩和など延命でないケアのことです。

　利用者の状態や疾患によっては、医療保険と介護保険の両方が適用対象となる場合があります。その場合、介護保険が優先されます。

利用料金

　利用料金は、訪問看護ステーションからサービスの提供を受けたのか、病院または診療所からサービスの提供を受けたのかにより分けられます。そして、実施する時間により詳細に定められています。たとえば、訪問看護ステーションからサービスの提供を30分以上1時間未満受けた場合、利用者負担は819円となります。利用者負担は、利用者などの所得や居住する地域によっても異なります。

　また、訪問看護にもさまざまな加算があります。たとえば、利用者や家族からの相談に24時間応じる体制がある場合の緊急時訪問看護加

訪問看護・訪問リハビリテーション

【訪問看護】
居宅で療養上の世話・診療の補助

医師の指示に基づき血圧の測定、病状のチェック、ターミナルケアなどを行う

利用者 → 看護師など

【訪問リハビリテーション】
居宅でリハビリを行う

利用者 → 理学療法士 作業療法士 など

訪問リハビリテーションの提供者
病院、診療所、介護老人保健施設、介護医療院

算や、在宅血液透析などの指導管理が必要な場合の特別加算などです。

訪問リハビリテーションとは

訪問リハビリテーションとは、主治医の判断に基づいて、利用者の居宅に理学療法士や作業療法士などのリハビリを専門とする者が訪問し、リハビリを行うサービスです。

訪問リハビリテーションの提供者は、病院、診療所、介護老人保健施設、介護医療院です。これらの施設で訪問リハビリテーションを行う際には、みなし特例が適用されるため都道府県から指定を受ける必要はありません。

利用料金

利用料金について、20分以上実施した場合、利用者負担は292円です。訪問リハビリテーションについても、利用者などの所得や居住する地域により、利用者負担は異なります。

4 通所介護

サービスの内容

　通所介護とは、利用者が施設に通い、日帰りで受けられる介護を提供するサービスです。一般的に、デイサービスといわれるものが通所介護にあたり、単独で運営している老人デイサービスセンター、介護施設に併設された事業所などで行われます。

　通所介護の目的は、施設に通い、サービスを受けることで、利用者の孤独感を解消し、心身機能を維持させることにあります。また、利用者の家族の介護の負担軽減も目的としています。

　通所介護は、事業者が指定を受けることで提供することができます。事業者は、職員として介護職員、生活相談員、看護職員、機能訓練指導員などを配置します。

　サービスには、食事や入浴などの日常生活上の支援や、生活機能向上のための機能訓練、口腔機能サービスなどがあります。生活などに関する相談と助言や健康状態の確認なども行われます。

　2015年の介護保険法改正により、これまであった介護予防通所介護は、介護予防・生活支援サービス事業に移行しました。このため、要介護認定により、要支援1・2と認定された者は、市町村が実施する介護予防・生活支援サービス事業の通所型サービスを利用することになります。

　通所介護を提供する施設には、さまざまな規模の施設があります。その中でも、利用定員19人未満の小規模な通所介護は、2016年4月から、地域密着型通所介護として、地域密着型サービスに位置付けられました。

　通所介護のうち、医療的な対応が必要な利用者に対する通所介護を

● 通所介護 ··

利用者

通所（デイサービス） →

〈通所介護の目的〉
- 利用者の孤独感の解消と
  心身機能の維持
- 利用者家族の介護の負担軽減

通所施設

単独で設置する場合と介護施設
に併設する場合がある

〈サービスの内容〉
- ・食事・入浴など日常生活上の支援
- ・生活機能向上のための機能訓練
- ・口腔機能サービス
- ・生活などに関する相談・助言
- ・健康状態の確認　など

療養通所介護といいます。療養通所介護は、通常の通所介護施設より
も、看護職員が手厚く配置されています。療養通所介護は、19人未
満の小規模であるため、地域密着型サービスに移行しました。

利用料金

　利用料金は、事業所規模、サービス提供時間、要介護度により分け
られます。事業所規模は、1か月あたりの平均利用延べ人数により分
類されます。具体的には、750人以下が通常規模型通所介護で、750
人を超えると大規模型通所介護となります。大規模型通所介護でも、
900人以下か900人を超えるかによって分けられています。

　たとえば、通常規模型通所介護において、3時間以上4時間未満の
サービス提供を受けた要介護1の利用者は、自己負担額が364円です。
この自己負担額には、施設までの送迎費は含まれていますが、食費は
含まれていません。

　通所介護においても、さまざまな加算がなされます。たとえば、個
別機能訓練、栄養マネジメント、口腔機能向上などの加算があります。
また、2018年の報酬改定により、ADL（日常生活動作）の改善度に
応じた成果報酬としての加算もなされています。

5 通所リハビリテーション

サービスの内容

　通所リハビリテーションとは、居宅の要介護者について、介護老人保健施設などの施設に通わせ、理学療法、作業療法などの必要なリハビリテーションを提供するサービスです。一般的にデイケアと呼ばれるものが、通所リハビリテーションにあたります。

　通所リハビリテーションは、施設においてリハビリテーションや食事、入浴などを提供することにより、利用者の心身の機能の維持・回復を目的としています。

　通所リハビリテーションの対象は、要介護認定で要介護1〜5と認定された居宅の者です。要支援者は、介護予防通所リハビリテーションの対象者となります。

　サービスの内容は理学療法や作業療法などのリハビリテーションの提供です。たとえば、脳卒中による心身の障害を改善するため脳卒中体操を行う、などがあります。また、リハビリテーションだけでなく、施設への送迎、食事や入浴の介護なども行います。これらのサービスは、通所リハビリテーション計画に基づいて行われます。

　通所リハビリテーションを提供する施設は、介護老人保健施設、介護医療院、病院、診療所に限定されています。通所リハビリテーションを提供するためには、医師を配置しなければなりません。また、理学療法士、作業療法士あるいは言語聴覚士のうち1人が必要となります。他にも、看護師、准看護師を職員として配置することができます。これらの職員は、提供するリハビリテーションの内容に応じて、配置人数を増減させる必要があります。

　通所リハビリテーションは、医師などの専門スタッフを配置しなけ

● 通所リハビリテーション

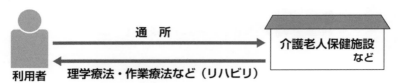

〈通所リハビリテーションの目的〉
- ●施設でのリハビリテーションや、食事・入浴などの提供により、利用者の心身機能の維持・回復をめざす

通所リハビリテーション施設
介護老人保健施設、介護医療院、病院、診療所に限定されている

ればならないことから、医療的ケアとリハビリテーションの機能が、通所介護よりも優れているという特徴があります。

利用料金

　利用料金は、施設の規模、要介護度やサービス提供時間により詳細に定められています。たとえば、通常規模型の施設（病院または診療所）において、要介護1の者が、2時間以上3時間未満サービスの提供を受けた場合、利用者負担額は345円となります。

　通所リハビリテーションについてもさまざまな加算があります。たとえば、入浴介助、短期集中リハビリテーションなどによる加算です。2018年介護報酬改定ではさまざまな重要な改定がなされました。たとえば、VISIT（利用者の状態・実施している訓練等に関するデータ収集事業）による利用者データの提出を要件のひとつとするリハビリテーションマネジメント加算が規定されました。また、医師の指示を明確化するため、リハビリテーションマネジメント加算が増額されました。リハビリテーションマネジメント加算とは、医師がリハビリテーションを実施する理学療法士などに指示を行った場合になされる加算です。

6 短期入所生活介護

サービスの内容

　短期入所生活介護とは、短期間施設に入所して、施設に入所している者と同じサービスを受けることができるサービスです。一般的にショートステイが短期入所生活介護にあたります。

　短期入所生活介護は、利用者が可能な限り自宅で自立した日常生活を送ることができるように、自宅にこもりきりの利用者の孤独感の解消や心身機能の維持回復を目的としています。それだけでなく、日常的に介護を行う家族の介護の負担軽減なども目的としています。

　短期入所生活介護の対象者は、要介護認定により、要介護1〜5のいずれかに認定された者です。要支援者は、介護予防短期入所生活介護を受けることができます。短期入所生活介護を利用する理由はさまざまです。たとえば、「土日は家族が出かけるので預かってほしい」「冠婚葬祭で介護ができない」などの理由があります。

　サービスの内容は、入浴や排せつ、食事などの世話や機能訓練、医師と看護職員による健康管理、相談と助言などです。

　短期入所生活介護を提供する事業所には、さまざまな類型があります。まず、事業所は、単独型と併設型に分けることができます。単独型は、短期入所生活介護専用の施設のことです。併設型は介護施設と短期入所生活介護施設を併設している施設のことです。

　さらに、部屋の違いにより、多床室、従来型個室、ユニット型個室に分類されます。多床室は、1つの部屋に複数人が一緒に宿泊するタイプの部屋のことです。従来型個室は、利用者1人ひとりが別々の部屋で宿泊するタイプの部屋です。ユニット型個室は、共有スペースと個室が共に設置されている部屋のことです。

● 短期入所生活介護（ショートステイ）‥‥‥‥‥‥‥‥‥‥‥

目　的	●自宅にこもりきりの利用者の孤独感の解消や心身機能の維持回復 ●日常的に介護を行う家族の介護の負担軽減　など
対　象	要介護1～5のいずれかに認定された者 ※要支援者は介護予防短期入所生活介護の対象になる
サービス内容	入浴や排せつ、食事などの世話や機能訓練 医師と看護職員による健康管理、相談と助言　など
類型	単独型、併設型
部屋の種類	多床室：1つの部屋に複数人が一緒に宿泊するタイプの部屋
	従来型個室：利用者1人が別々の部屋で宿泊するタイプの部屋
	ユニット型個室：共有スペースと個室が共に設置されている部屋

▌利用料金

　利用料金は、要介護度と施設・部屋のタイプにより詳細に定められています。たとえば、要介護1で、施設のタイプが併設型、部屋のタイプがユニット型個室の場合、1日あたりの利用者負担は684円です。

　短期入所生活介護にも、さまざまな加算があります。たとえば、個別機能訓練加算、医療連携強化加算、認知症専門ケア加算などです。また2018年の報酬改定により、生活機能向上連携加算が創設されました。生活機能向上連携加算は、自立支援・重度化防止のための介護を推進するための加算で、短期入所生活介護の事業所の職員と外部のリハビリテーション専門職が連携して、機能訓練のマネジメントを行った場合に算定できる加算です。

　短期入所生活介護の連続利用日数は、最大で30日です。31日以降は、全額自己負担となります。

7 短期入所療養介護

サービスの内容

　短期入所療養介護とは、施設に短期間入所して医療系のサービスを受けることができるサービスです。一般的にショートステイには、短期入所療養介護が含まれます。また、医療型ショートステイといわれることがあります。

　短期入所療養介護を提供することができる施設は、介護老人保健施設、医療機関、介護医療院です。医療機関の場合、療養病床を有していなければなりません。

　短期入所療養介護は、短期入所生活介護と同様に、心身機能の維持回復や家族の介護の負担軽減などを目的としています。短期入所生活介護と異なる点は、医療ケアの側面が強いという点です。つまり、単なる日常生活上の世話だけでなく、医療や看護などのケアや機能訓練が短期入所生活介護よりも充実しています。

　短期入所療養介護がなかったときは、医療ケアの必要性が高い者は、病院に入院しなければなりませんでした。入院が長期化すると社会への復帰が困難となることもあります。短期入所療養介護は病院への入院と異なり、在宅復帰の可能性を向上させる目的もあります。

　短期入所療養介護は、医療ケアを行う必要があることから、医師を配置しなければなりません。また看護師も、短期入所生活介護より手厚く配置されます。

　短期入所療養介護の対象者は、要介護者です。要支援者は、介護予防短期入所療養介護を受けることができます。

　サービスの内容は、看護や医学的管理の下での介護、機能訓練、医療、日常生活上のサービスなどです。

● 短期入所療養介護（医療型ショートステイ）……………

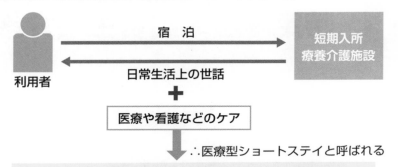

∴医療型ショートステイと呼ばれる

病院に長期間入院すると社会への復帰が困難になることが多い
⇒在宅復帰の可能性を向上させるため、短期入所療養介護が
　創設された

▌利用料金

　利用料金は、要介護度と施設の種類により異なります。施設の種類は部屋のタイプによりさらに細かく分けられ、従来型個室、ユニット型個室、多床室があります。たとえば、要介護1の者について、介護老人保健施設が提供する短期入所療養介護で、部屋のタイプが多床室の場合、利用者負担額は1日あたり829円となります。

　短期入所療養介護についても、さまざまな加算があります。療養食加算や介護職員処遇改善加算などです。2018年の報酬改定により、さまざまな加算が改定されました。たとえば、介護老人保健施設について、在宅復帰・在宅療養支援をより進めている施設については、在宅強化型として加算されるようになっています。また、認知症専門ケア加算も創設されました。これは、認知症患者の増加にともない、認知症患者にも適切なサービスが提供されるようにすることを目的としています。

　短期入所療養介護についても、連続利用日数は、最大で30日です。31日以降は、全額自己負担となります。

8 特定施設入居者生活介護

特定施設入居者生活介護とは

　特定施設入居者生活介護とは、特定施設に入居している要介護者に対して日常生活上の世話、リハビリテーションなどを提供するサービスで、介護保険の対象にもなる居宅サービスのひとつです。

　特定施設の対象となる施設としては、有料老人ホーム、軽費老人ホーム（ケアハウス）、養護老人ホーム、サービス付き高齢者向け住宅があります。これらの施設が特定施設入居者生活介護の指定を受ける場合、一定の基準を充たし、都道府県知事などに申請する必要があります。

特定施設の種類と特徴

　有料老人ホームには、「介護付」「住宅型」「健康型」の３つのタイプがあります。このうち介護サービスを受けることができるのは「介護付」と「住宅型」です。一般的に「介護付」の有料老人ホームでは、特定施設入居者生活介護の指定を受けて施設のスタッフがケアプランの作成や介護サービス（食事・排せつ・入浴等の介護など）を行う「介護専用型」と、それらの介護サービスを外部の事業者に委託する「外部サービス利用型」があります。

　「住宅型」の有料老人ホームでは、施設スタッフによる食事提供や見守りの生活支援サービスを受けることができます。介護サービスについては、外部の通所介護や訪問介護事業者を選定して利用することになります。

　軽費老人ホームとは、比較的少ない費用で利用できる福祉施設で、主に自立あるいは要支援の高齢者を受け入れています。介護サービス

● 特定施設入居者生活介護 ·······························

特定施設の種類	内　容		
介護付き有料老人ホーム	介護専用型：施設のスタッフがケアプランの作成・介護サービスを行う		
	外部サービス利用型：介護サービスを外部の事業者に委託する		
軽費老人ホーム	比較的少ない費用で、見守りや外出時のサポートなどの生活援助を行う		
養護老人ホーム	65歳以上の高齢者で、自宅での日常生活が困難な場合に入所できる施設		
サービス付き高齢者向け住宅	主に民間企業が運営するバリアフリーの賃貸住宅		

＋ 特定施設入居者生活介護の指定 → 特定施設での包括的な介護の提供が可能

は基本的に提供されておらず、見守りや外出時のサポートといった生活援助を中心としたサービス内容になっています。

　養護老人ホームは、65歳以上の高齢者で、身体や精神に障害があったり、生活環境上の理由や経済的理由などにより、自宅で日常生活を続けることが困難な場合に入所することができる施設です。介護サービスは基本的に提供されておらず、食事の提供や健康管理、経済面での相談など、入所者の自立・社会復帰に向けてのサポートが主なサービス内容となっています。

　サービス付き高齢者向け住宅とは、主に民間企業が運営するバリアフリーの賃貸住宅をいい、60歳以上の者とその家族が入居することができます。

　このような施設が特定施設入居者生活介護の指定を受けることで、入居している要介護者に包括的に介護を提供することができます。利用料金は、要介護度と介護サービスの提供状況で異なります。介護サービスを外部委託しない場合、要介護1の利用者の自己負担額は536円です。

9 居宅介護支援・介護予防支援

サービスの内容

　居宅介護支援・介護予防支援は、介護サービスを利用するためのケアプランを作成することを内容とするサービスです。

　適切な介護サービスの提供には、利用者の心身や置かれている環境の分析をして、利用者に合った利用計画を立てる必要があります。また、介護サービス提供後も、計画が利用者に適したものであるか随時分析・把握する必要があります。居宅介護支援・介護予防支援は、このような目的を達成するために実施されています。

　介護が必要とされる者が自宅で適切にサービスを利用できるように、ケアマネジャー（介護支援専門員）が心身の状況や生活環境、本人・家族の希望などに沿ってケアプラン（居宅サービス計画）を作成したり、ケアプランに位置付けたサービスを提供する事業所などとの連絡・調整などを行います。

　居宅介護支援・介護予防支援においては、まず、ケアマネジャーが利用者宅を訪問します。利用者の心身の状況や生活環境などを把握し、課題を分析しながらケアプランを作成します。そして、ケアプランに基づいたサービスの提供となるように、事業者と利用者の契約をサポートします。

　居宅介護支援と介護予防支援の違いは、対象者と事業者です。居宅介護支援の対象者は、要介護1以上の認定を受けた者です。一方、介護予防支援の対象者は、要支援1または要支援2の認定を受けた者です。

　居宅介護支援を提供する事業者は、居宅介護支援事業所です。居宅介護支援事業所は、介護支援専門員（ケアマネジャー）を配置します。主任介護支援専門員を配置しているところもあります。介護支援専門

● 居宅介護支援・介護予防支援 ･･･････････････････････････

	居宅介護支援	介護予防支援
内容	ケアマネジャー（介護支援専門員）が心身の状況や生活環境、本人・家族の希望等に沿って、ケアプラン（居宅サービス計画）を作成する ケアプランに位置付けたサービスを提供する事業所などとの連絡・調整など	
手続き	① ケアマネジャーが利用者宅を訪問し、心身の状況や生活環境などを把握 ② 利用者の課題の分析・ケアプランの作成 ③ ケアプランに基づいたサービス提供のため、事業者と利用者の契約を手伝う	
対象	要介護1以上の認定を受けた者	要支援1・要支援2の認定を受けた者
事業者	居宅介護支援事業所	地域包括支援センター ※居宅介護支援事業所に委託・分担が可能

員は、35人以内の利用者を担当し、計画の作成・見直し、課題分析、継続的な状況把握、利用者宅への訪問などを行います。

　介護予防支援の事業所は、地域包括支援センターです。地域包括支援センターが指定を受けてサービスを実施します。地域包括支援センターから居宅介護支援事業者が委託を受け、分担して行う場合もあります。

▌基本報酬など

　居宅介護支援・介護予防支援については、利用者の負担はありません。全額保険者が負担します。

　基本報酬は、ケアマネジャー1人の1か月あたりの取扱件数と要介護度により詳細に定められています。たとえば、取扱件数40件未満の要介護1の場合、基本報酬は1万570円となります。

10 介護老人福祉施設

サービスの内容

　介護老人福祉施設は特別養護老人ホームとも呼ばれ、社会福祉法人や地方自治体が運営する公的な施設です。寝たきりや認知症などで常に介護が必要であり、自宅での生活が難しい人のための施設です。原則として要介護度3以上でないと、入所をすることができません。

　介護老人福祉施設では、施設サービス計画（ケアプラン）に基づき、入浴・排せつ・食事などの介護、リハビリテーション、健康管理、療養上の世話を受けることができます。長期入所が前提となっており、原則として終身にわたり介護を受けることができます。最近では「看取り」に取り組む施設も多くなっています。

　介護老人福祉施設は公的な施設であるため、入所一時金などの初期費用もなく、民間施設と比べると費用は安く設定されています。さらに、居住費や食費については、所得に応じて負担軽減措置も設けられています。

　また、介護老人福祉施設には、直接介護に関わる介護職員の他に、看護職員、ケアマネジャー、生活相談員、栄養士などの多職種が連携しながらサービスを提供しています。

どんな特徴や問題点があるのか

　介護老人福祉施設は、日常生活において介護が必要な高齢者が入所でき、さまざまな介護サービスを受けることができます。入所要件は、要介護度が3以上で65歳以上の高齢者が基本となりますが、40歳～65歳未満で特定疾病が認められた要介護3以上の者も入所可能です。さらに、認知症や知的障害・精神障害等を伴い、日常生活に支障をき

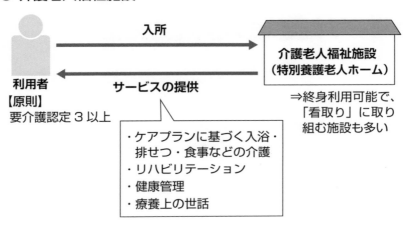

● 介護老人福祉施設 ....

利用者
【原則】
要介護認定３以上

入所 →

← **サービスの提供**

介護老人福祉施設
（特別養護老人ホーム）

⇒終身利用可能で、
「看取り」に取り
組む施設も多い

・ケアプランに基づく入浴・
排せつ・食事などの介護
・リハビリテーション
・健康管理
・療養上の世話

たすような症状のある要介護１〜２の人についても、市町村が特例と
して認めた場合は入所することができます。

　介護老人福祉施設の設備には居室の他、医務室、浴室・トイレなど
の共同設備や台所・食堂とリビングを兼用した生活室があります。居
室のタイプには、定員２名以上の多床室やユニット型個室などがあり
ます。入所者の尊厳を重視したケアを実現できるように、厚生労働省
はユニット型個室の整備を推奨しています。ユニット型個室とは、10
人程度の生活単位（ユニット）で、台所・食堂・リビング等の共同ス
ペースを囲むように個室が配置されているものです。少人数単位で共
有スペースを利用することやユニットごとに決まった介護スタッフが
ケアにあたることなどにより、入居者同士やスタッフとの関係を良好
に築けるという利点があります。

　介護老人福祉施設は、長期入所が前提となっている施設であるため、
入所先の施設の設備やサービスはもちろん、働くスタッフの質も重要
です。事前の施設見学や情報収集により、入所者や家族が納得・安心
できる施設を選ぶことが大切です。

11 介護老人保健施設

サービスの内容

　介護老人保健施設とは、主に医療ケアやリハビリを必要とする要介護者が入居できる施設です。病院と自宅の中間的な役割があり、在宅復帰を前提としたリハビリが中心となっています。そのため、入所可能な期間もそれほど長くはなく、3〜6か月程度となっています。利用対象者は次ページのとおりです。

　介護老人保健施設では、施設サービス計画に基づいて、食事の補助、入浴や着替え、排せつなどの生活・身体介護や、医師・看護師などによる医療ケアを行います。さらに、理学療法士や作業療法士による充実したリハビリも受けることができます。在宅復帰を目的としているため、歩行器や車椅子を使った、実用的できめ細やかなリハビリが行われます。

　介護老人保健施設は、公的な介護施設のため、入所一時金などの初期費用もなく、月額費用も有料老人ホームなどの民間施設などと比べると安くなっています。また、居住費や食費については、所得に応じて負担軽減措置も設けられています。

どんな特徴や問題点があるのか

　介護老人保健施設は、一時的な入居を経て、在宅での生活への復帰をめざしていくための介護施設です。病院から介護老人保健施設へ入所する人がほとんどですが、自宅からリハビリ目的で介護老人保健施設へ入所する人もいます。

　介護老人保健施設の設備には居室の他に、診察室、リハビリテーション室、食堂、浴室、調理室などがあります。居室の広さは、定員

● 介護老人保健施設 ……………………………………………

介護老人保健施設の概要	医療ケアやリハビリを必要とする要介護者が入居できる施設
入所期間	3～6か月程度
利用対象者	・要介護1以上で65歳以上の高齢者 ・40歳以上65歳未満で、特定疾病により介護認定を受けている者
サービス内容	・食事の補助、入浴や着替え、排せつなどの生活・身体介護 ・医師・看護師などによる医療ケア ・理学療法士や作業療法士によるリハビリテーション
費用について	居住費や食費について、所得に応じた負担軽減措置がある

4名以下の多床室では1人あたり8㎡以上、ユニット型個室など個室の場合は、10.65㎡以上と決められています。そこにベッドやタンスなどが備え付けられています。

　介護老人保健施設に入所するには、施設に直接申込みをすることがほとんどです。病院に入院している場合は医療ソーシャルワーカーに、在宅介護を受けている場合はケアマネジャーに相談をします。入所を希望する施設などで、本人や家族と施設担当者が面談を行い、本人の現在の身体状況や生活の様子、医療ケアの有無などを確認します。その後、入所希望者は必要書類を希望施設へ提出し、入所判定を受けることになります。

　入所をした後も、介護老人保健施設では3か月ごとに入退所を判断する検討会議が開催されます。この検討会議により、在宅への復帰が可能と判断された場合は、退所しなければなりません。そのため、入所するときに退所後の方向性や目標などを決めておくことが望ましいといえます。

12 介護療養型医療施設

サービスの内容

　介護療養型医療施設は、長期の療養が必要な者のため、介護職員が手厚く配置された医療機関です。

　慢性疾患を有する者の場合、日常的に医療が必要となることが考えられます。このような者は、病状が安定していたとしても、自宅での療養生活を容易にできるとは限りません。そこで、介護療養型医療施設に入所することにより、必要な医療サービス、日常生活における介護、リハビリテーションなどを受けることができます。

　介護療養型医療施設の対象者は、要介護1以上の認定を受けた者です。そのため、要支援1または要支援2の認定を受けた者は入所できません。また、病状が安定して、長期療養が必要な者でなければなりません。サービスの内容としては、療養上の管理、看護、食事・入浴などの日常生活上の介護、リハビリテーション、ターミナルケアなどがあります。

　介護療養型医療施設は、医療機関であることから、設置できるのは、病院または診療所です。

どんな特徴や問題点があるのか

　介護療養型医療施設は、慢性疾患を有しており、長期の療養が必要な者が対象です。つまり、介護老人福祉施設や介護老人保健施設に比べて、医療依存が高い者を対象にしています。そのため、医師、薬剤師の配置が必要であり、看護師の配置が介護老人福祉施設や介護老人保健施設より手厚くなっています。具体的には、入所者6人に対して、看護職員を1人以上配置する必要があります。

● 介護療養型医療施設 ··

介護療養型医療施設	
特　徴	長期療養が可能で、必要な医療サービス・介護・リハビリテーションなどを受けることができる
対象者	要介護１以上の認定を受けた者 ＋ 病状が安定していて長期療養が必要な者
サービスの内容	療養上の管理、看護 食事・入浴などの日常生活上の介護 リハビリテーション ターミナルケア
設置者	病院または診療所 ∵医師の配置、看護職員・介護職員（入所者６人に対して各１人）

　一方で、介護施設として日常の生活介護も提供されるため、入居者６人に対して介護職員１人以上の配置も必要です。

　介護療養型医療施設では、居室のことを病室と呼びます。病室では１人あたり６㎡以上を確保する必要があります。この面積は、介護老人福祉施設などよりも狭く、より医療機関に近い基準になっています。他にも、機能訓練室、食堂、浴室などを設ける必要があります。

　介護療養型医療施設は、上記の人員基準を見てもわかるように、医療ケアが充実しています。医療機関への入所であることから、容体が悪化した場合は一般病棟への移動ができます。しかし、医療機関のため、入所というより入院と感じる者が少なくありません。また、介護療養型医療施設は、根拠法が医療法と介護保険法にあり、医療と介護の境目があいまいです。

　そこで、2018年、介護療養型医療施設は廃止され、介護医療院が創設されました。そのため、介護療養型医療施設は2023年度末で廃止されることが決定しています。

13 介護医療院

サービスの内容

2023年度末には廃止される予定の介護療養病床（介護療養型医療施設）の転換先として、介護医療院という施設が2018年4月から創設されました。2019年6月において、全国に223施設（1万4,444療養床）が開設されています。

介護医療院は、医療ニーズの高い高齢者の利用を想定した施設で、日常的な医学管理や看取り、ターミナルケアなどの「医療機能」と、「生活施設」としての機能を兼ね備えた施設です。

介護医療院におけるサービスの内容は、医療ケアや介護など多岐にわたりますが、次ページ記載のとおりです。

どんなタイプがあるのか

介護医療院は提供する医療サービスの質に応じて、Ⅰ型またはⅡ型の2つの形態に分かれます。

どちらも長期にわたる医療ケアや介護が必要な要介護者が対象となり、Ⅰ型は現在の介護療養病床（療養機能強化型A・B）に相当するサービスを、Ⅱ型は老人保健施設に相当する以上のサービスを提供することが求められています。Ⅰ型は医療の必要性が比較的高く、容体が急変するリスクのある者が入所し、Ⅱ型はⅠ型に比べて容体が安定している者が入所することを想定しています。

また、類型として、医療外付け型と呼ばれる医療居住スペースと医療機関を併設したタイプもあります。長期にわたる医療ケアや介護が必要な要介護者が対象となり、容体の比較的安定した者が利用することを想定しています。居住スペースは、特定施設入居者生活介護の指

● 介護医療院

介護医療院の 概要		「医療機能」と「生活施設」としての 機能を兼ね備えた施設
サービス内容		【医療ケアの分野】 喀痰吸引や経管栄養、投薬や検査 ターミナルケア、看取りなど 【介護の分野】 入浴、排せつ、食事の介護の他、健康管理やリハビリテーション 施設内でのレクリエーション活動や、地域住民やボランティアとの交流など
種類	Ⅰ型	医療の必要性が比較的高く、容体が急変するリスクのある者が入所する
	Ⅱ型	Ⅰ型に比べて容体が安定している者が入所する

定を受けた有料老人ホームなどが利用されています。

■ どんな特徴や問題点があるのか

　介護医療院のⅠ型とⅡ型では施設基準が異なります。たとえば人員配置において、Ⅰ型では入居者48人に対し医師を1名配置しますが、Ⅱ型では入居者100人に対し医師を1名配置することになっています。また、Ⅰ型では医師の宿直が義務付けられているのに対し、Ⅱ型では義務付けられていません。このようにⅠ型の方がⅡ型と比べて人員配置が手厚いため、Ⅰ型の利用料金の方が高く設定されています。

　介護医療院には診察室、1人あたり床面積8㎡以上の療養室、機能訓練室、談話室、食堂、浴室、レクリエーションルームなどが設置されており、長期の療養に適した施設になっています。療養室が多床室の場合は、家具やパーテーションなどによる間仕切りを必ず設置することなどにより、プライバシーに配慮した環境整備をすることが義務付けられています。

14 福祉用具貸与・特定福祉用具販売

サービスの内容

　福祉用具貸与・特定福祉用具販売とは、要介護者が可能な限り自宅で自立した日常生活を送ることができるようにするために、必要な福祉用具のレンタルや販売を行うサービスです。要介護1〜5の認定を受けた者が利用できます。

　福祉用具貸与で利用できる福祉用具は、車椅子や特殊ベッドなど、全部で13品目があります。一方、特定福祉用具販売で利用できる福祉用具は、入浴や排せつなどその用途が貸与になじまないような用具で、腰掛便座や簡易浴槽などの5品目があります。レンタルや購入できる用具の範囲は、要介護度に応じて異なります。

　また、要支援1または2の認定を受けた人は、介護予防福祉用具貸与と特定介護予防福祉用具販売を利用することができます。ただし、要介護状態の人に比べて必要となる福祉用具は限られるため、介護予防福祉用具貸与では、歩行器など5品目、特定介護予防福祉用具販売では、入浴補助用具など2品目に限定されています。

　福祉用具をレンタルする場合は、レンタル事業者が設定している料金の1割〜3割を利用者が負担することになります。一方、特定福祉用具を購入する場合は、介護保険の給付対象となる金額は1年間に10万円までという上限が設けられています。

サービスを利用するために知っておきたいこと

　福祉用具貸与は介護サービスの一種なので、利用する場合はケアプランを作成する必要があります。そのため、福祉用具をレンタルしたい場合は、まずケアマネジャーに相談し、どのような福祉用具をレン

● 福祉用具貸与・特定福祉用具販売 ……………………………………

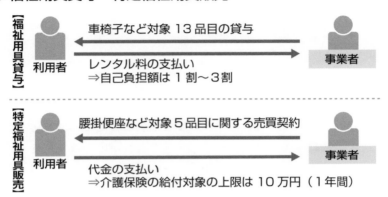

タルすれば、自宅において自立した日常生活を送れるようになるのか
を話し合います。

　レンタルする福祉用具が決定すると、福祉用具貸与事業者を選定
し、そこから派遣される福祉用具専門相談員にアドバイスを受けなが
ら、用具を選定します。レンタルする福祉用具が納品され、利用者と
事業者の間で契約が結ばれるとサービスが開始となります。納品の際
には、福祉用具専門相談員が使用方法の説明や用具の調整などを行い
ます。また、レンタル中に福祉用具に不具合が生じた場合や、利用者
の心身状況の変化などによる用具の借換えなども、福祉用具専門相談
員に対応してもらうことができます。

　特定福祉用具を購入する場合も同じくケアマネジャーに相談をし、
ケアプランを作成する必要があります。特定福祉用具販売事業者がケ
アプランに基づいて福祉用具の選定を行います。

　福祉用具を購入した際には、いったん事業者に購入費用を全額支払
います。その後、支給申請書、領収書、特定福祉用具が必要である理
由書などの申請書類を市町村へ提出します。申請内容が保険者である
市町村に認定されれば、購入金額の7〜9割が購入者へ支払われるし
くみになっています。

15 住宅改修

サービスの内容

　介護保険における住宅改修とは、要介護者の自宅での事故防止や自立支援のために住宅改修を行おうとするとき、市町村に申請をすることで、住宅改修費の7〜9割に相当する額を受給できる制度です。介護認定において、要支援1〜2および要介護1〜5と認定された者が対象となります。

　介護保険を利用できる住宅改修の種類には、手すりの取り付け、段差の解消、滑りを防止したり移動を円滑にするための床・通路面の材料の変更、引き戸等への扉の取替え、洋式便器等への取替え、その他住宅改修に付帯して必要となる住宅改修があります。

　支給限度基準額は20万円で、要支援、要介護区分にかかわらず定額となっています。原則1人1回限りの支給となっていますが、要介護状態区分が重くなった場合（3段階上昇時）、または、転居をした場合などは再度支給申請をすることができます。

サービスを利用するために知っておきたいこと

　住宅改修を利用する場合は、まず担当のケアマネジャーに相談をし、どのような改修を行えば快適に生活ができるようになるのかを話し合います。

　改修内容が決まると、施工事業者を選択して現地調査を行ってもらい、改修図面や見積もりの作成依頼をします。

　見積書や図面が完成すると、それらと住宅改修費の支給申請書、担当のケアマネジャーが作成した住宅改修が必要な理由書などの申請書類を市町村へ提出します。必ず市町村への申請を済ませてから、着工

● 住宅改修のしくみ

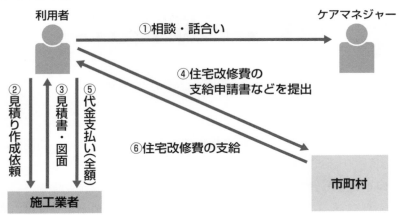

します。申請前に工事を始めてしまうと、保険給付を受けることができない場合があるので注意が必要です。着工後に工事内容に変更が生じた場合は、市町村へ速やかに連絡をしましょう。

　住宅改修工事が終了すると、その改修費はいったん施工事業者へ全額支払うことになります。利用者は、住宅改修に要した費用に係る領収書、工事費内訳書、改修前後の状態がわかる写真などを市町村に提出します。申請の内容が保険者である市町村に認められた場合は、住宅改修費が支給されることになります。

　住宅改修費の支給方法には「償還払い」と「受領委任払い」の２種類があります。償還払いの場合は、工事終了後いったん費用の全額を支払い、その後の申請により７割～９割分の保険給付費の支払いを受けることになります。一方、受領委任払いの場合は、市町村が施工事業者に保険給付費相当額を直接支払うことにより、利用者が施工事業者に支払う費用が初めから１割～３割で済むことになります。ただし、その施工事業者が市町村から登録を受けている場合に限ります。受領委任払登録事業者の確認は、市町村のホームページや窓口などで確認ができます。

夜間対応型訪問介護

サービスの内容

　夜間対応型訪問介護とは、利用者が、自宅で24時間安心して生活できるように、他のサービスが提供できない夜間の時間帯に訪問介護を行うサービスです。

　夜間対応型訪問介護の対象者は、要介護1以上の認定を受け、自宅で日常生活を送る者です。要支援1または要支援2の認定を受けた者は、対象となりません。

　夜間対応型訪問介護は3つのサービスを提供します。①定期巡回サービス、②オペレーションセンターサービス、③随時訪問サービスです。

　①定期巡回サービスは、定期的に利用者の居宅を巡回して行う介護サービスです。約30分程度の介助を行います。具体的には、オムツ交換やトイレの介助、身体の清拭などを行います。

　②オペレーションセンターサービスとは、利用者からの通報を受け、通報内容などをもとに訪問介護員の訪問などの提供を判断するサービスです。オペレーションセンターサービスを提供する際には、どのようなサービスを提供するかの判断のために、あらかじめ利用者の心身の状況や環境を把握する必要があります。

　③随時訪問サービスは、オペレーションセンターなどからの随時の連絡に対して行われる訪問介護サービスです。たとえば、緊急時の連絡に対して、利用者の自宅に訪問し、トイレの介助や体位変換などを行います。また、体調が急変した場合、医療機関への連絡も行います。

　夜間対応型訪問介護では、利用者300人に対し1か所以上のオペレーションセンターの設置が必要です。もっとも、オペレーションセ

● 夜間対応型訪問介護 ・・

【夜間対応型訪問介護】 利用者が自宅で 24 時間生活できるよう訪問介護などを提供するサービス		
対　象		要介護 1 以上の認定を受けた者 ※要支援 1・2 の認定を受けた者は対象外
サービスの内容	**定期巡回サービス**	定期的に利用者の居宅を巡回して行う介護サービス
	オペレーション センターサービス	利用者からの通報に対して訪問介護員の訪問などを提供するか否かを判断するサービス
	随時訪問サービス	オペレーションセンターなどからの随時の連絡に対して行われる訪問介護サービス

ンターを設置しない形態もあります。オペレーションセンターを設置しない形態では、定期巡回サービスを行う訪問介護員とオペレーターが同じ車に乗って移動し、夜間対応型訪問介護を提供します。

　夜間対応型訪問介護を提供する際には、オペレーター、訪問介護員などが必要になります。オペレーターについて、臨機応変な対応が求められることから、一定の資格者（看護師、介護福祉士など）で 3 年以上の実務経験があることが要件となっていました。しかし、この経験要件が厳しく普及が進まないことから、2018 年には、3 年以上から 1 年以上へ要件が緩和されています。

利用料金

　利用料金は、オペレーションセンターを設置している場合、1 か月の基本料金が 1,013 円、定期巡回 1 回あたり 379 円、随時訪問サービス 1 回あたり 578 円です。これらの利用料金は利用者の居住する市町村や利用者などの所得によっても異なります。

17 小規模多機能型居宅介護・看護小規模多機能型居宅介護

小規模多機能型居宅介護とは

　小規模多機能型居宅介護は、「通い」「宿泊」「訪問」の３つのサービスを利用者の状況などに応じて提供するサービスです。

　利用者の中には、状況によっては、「通い」「宿泊」「訪問」などさまざまな形態でサービスを受ける必要がある者もいます。それぞれ別の施設を利用するということも可能ですが、そうすると、利用者にとってなじみのないスタッフが対応することになります。小規模多機能型居宅介護は、利用者にとってなじみのあるスタッフによる臨機応変なサービスの提供を可能とします。

　小規模多機能型居宅介護の対象者は、要介護１以上の認定を受けた者です。要支援１または要支援２の者は、介護予防小規模多機能型居宅介護の対象となります。

　小規模多機能型居宅介護は、施設への「通い」を中心とします。たとえば、利用者の具合が悪く通所が難しい場合に訪問を利用するなどのように、利用者の状況などに応じて短期間の「宿泊」や利用者の自宅への「訪問」を組み合わせます。

　小規模多機能型居宅介護を利用するためには、事業所へ登録しなければなりません。１つの事業所の登録者数は、29人以下と決められています。また、１日あたりの利用者の定員について、「通い」は最大で18名、「宿泊」は最大９名です。

　利用料金は、定額制です。利用者の環境や要介護度により詳細に定められています。たとえば、要介護１の認定を受け、提供事業所と同一建物に居住していない場合、利用者負担は１か月１万364円です。

● 小規模多機能型居宅介護・看護小規模多機能型居宅介護 …

	小規模多機能型居宅介護	看護小規模多機能型居宅介護
サービス内容	利用者の状況に応じて組み合わせ 「通い」「宿泊」「訪問」	小規模多機能型居宅介護 ＋ 訪問看護
対象者	要介護１以上の認定を受けた者 ※要支援１・２の者は介護予防小規模多機能型居宅介護の対象	要介護１以上の認定を受けた者
利用料金	定額制 (例) 利用者が提供事業所と同一建物に居住していない場合： １万364円／月	定額制 (例) 利用者が提供事業所と同一建物に居住していない場合： １万2,401円／月

看護小規模多機能型居宅介護とは

　看護小規模多機能型居宅介護は、小規模多機能型居宅介護に訪問看護を加えたサービスです。小規模多機能型居宅介護に訪問看護を加えることにより、介護と看護の一体的なサービスの提供を実現しています。

　看護小規模多機能型居宅介護の対象者は、要介護１以上の認定を受けた者です。要支援１または要支援２の認定を受けた者は対象外です。

　看護小規模多機能型居宅介護は、「通い」「訪問」「宿泊」「訪問看護」を組み合わせて利用することができます。そのため、看護小規模多機能型居宅介護を利用している間は、訪問介護や訪問看護などは保険給付の対象になりません。

　看護小規模多機能型居宅介護の利用料金も、定額制です。利用者の環境や要介護度により詳細に定められています。たとえば、要介護１の認定を受け、提供事業所と同一建物に居住していない場合、利用者負担は１か月１万2,401円です。

18 認知症対応型共同生活介護・認知症対応型通所介護

サービスの内容

認知症対応型共同生活介護は、認知症の利用者を対象にした専門的な介護を提供するサービスです。一般的にグループホームと呼ばれます。

認知症対応型共同生活介護の対象は、要介護1以上の認定を受け、認知症を患っている者です。要支援2の認定を受けた者は、介護予防認知症対応型共同生活介護の対象となります。

認知症対応型共同生活介護では、共同生活住居において、食事や入浴などの介護やリハビリテーションなどのサービスを受けることができます。共同生活住宅では、利用者は、それぞれ個室で暮らすことができます。また、5〜9人を1つのユニットとして、共用の食堂や居間などがあります。1事業所につきユニットを2つ、もしくは3つ設置することができます。

認知症対応型共同生活介護は、利用者が可能な限り自立した日常生活を送ることを目的としています。そのため、住宅地の近くに設置し、家庭的な環境と地域住民との交流を保障します。

認知症対応型通所介護は、グループホームや介護老人福祉施設（特別養護老人ホーム）に併設した事業所などにおいて、通所した認知症高齢者に介護などを提供するサービスです。対象者は、要介護1以上の認定を受け認知症を患っている者です。要支援1・2の認定を受けた者は介護予防認知症対応型通所介護を利用することができます。

認知症対応型通所介護を提供する施設には、3つの種類があります。

① 単独型

単独型は、認知症対応型通所介護施設として独立した施設です。定員は、12人以下です。

● 認知症対応型共同生活介護・認知症対応型通所介護 ………

	認知症対応型共同生活介護	認知症対応型通所介護	
内容	認知症専門の介護サービスを提供（グループホーム） ⇒食事・入浴、リハビリテーションなど	グループホームや介護老人福祉施設（特別養護老人ホーム）に併設した事業所などで、通所した認知症高齢者に介護などを提供する	
対象	要介護1以上の認定を受け認知症を患っている者 ※要支援2の認定を受けた者は介護予防認知症対応型共同生活介護の対象になる	要介護1以上の認定を受け認知症を患っている者 ※要支援1・2の認定を受けた者は介護予防認知症対応型通所介護の対象になる	
施設 など	個室 5～9人を1つのユニットとして、共用の食堂や居間などがある（ユニットを2つ・3つ設置可能）	単独型	定員は12人以下
		併設型	定員は12人以下
		共用型	1日の利用定員は3人以下

② **併設型**

併設型は、グループホームや介護老人福祉施設（特別養護老人ホーム）に併設して設置された施設です。併設型の定員も12人以下です。

③ **共用型**

共用型は、グループホームなどの空きスペースを利用して運営されるタイプの施設です。共用型の1日の利用定員は3人以下です。

利用料金

認知症対応型共同生活介護の利用料金は、要介護度とユニット数により定められています。たとえば、要介護1の者が2ユニット以上ある事業所を利用した場合、1日あたり749円を負担します。

認知症対応型通所介護の利用料金は、施設の形態と提供時間、要介護度により定められています。たとえば、要介護1の者が単独型施設を3時間以上4時間未満利用した場合、540円を負担します。これらの負担は利用者の居住する市町村や所得によっても異なります。

地域密着型の特定施設入居者生活介護・老人福祉施設入所者生活介護

地域密着型特定施設入居者生活介護

特定施設入居者生活介護は、指定を受けた有料老人ホームや軽費老人ホームなどが、食事や入浴などの介護、その他の必要な日常生活上の支援を提供するサービスです。この特定施設入居者生活介護のうち、入居定員が30人未満の施設は、地域密着型特定施設入居者生活介護になります。

対象者は、要介護1以上の認定を受けた者です。そのため、要支援1または要支援2の認定を受けた者は利用することができません。

地域密着型特定施設入居者生活介護のサービス内容は、食事や入浴、排せつなどの介護と日常生活上の支援や、機能訓練などです。

利用料金は、要介護度により分けられています。たとえば、要介護1の者の場合、利用者負担は、1日につき535円です。

地域密着型特定施設入居者生活介護は、緊急の場合など、短期で利用することができます。短期での利用は30日以下です。短期の利用の場合も利用者負担は同額です。

地域密着型介護老人福祉施設入所者生活介護

地域密着型介護老人福祉施設入所者生活介護とは、入居定員が30人未満の介護老人福祉施設（特別養護老人ホーム）のことです。そのため、「地域密着型特養」ということもあります。介護老人福祉施設よりも小規模なため、家庭的な雰囲気を作ることができる点に特徴があります。

地域密着型介護老人福祉施設入所者生活介護の対象者は、要介護3以上の認定を受けた者です。そのため、要介護1・2または要支援

● 地域密着型の特定施設入居者生活介護・老人福祉施設入所者生活介護 …

	地域密着型特定施設入居者生活介護	地域密着型介護老人福祉施設入所者生活介護（地域密着型特養）
主　体	有料老人ホームや軽費老人ホームなどで30人未満の施設	介護老人福祉施設（特別養護老人ホーム）で30人未満の施設
内　容	食事や入浴などの介護 その他の必要な日常生活上の支援 機能訓練　など	食事や入浴などの介護 日常生活上の支援 機能訓練 療養上の世話　など
対　象	要介護1以上の認定を受けた者	要介護3以上の認定を受けた者 ※要介護1・2の者であっても、やむを得ない理由があれば特例的に入所も可能
その他	利用料金⇒要介護度に応じる （例）要介護1の者の場合： 　　　535円（1日）	施設の形態：多床室、従来型個室、ユニット型個室

1・2の認定を受けた者は利用することができません。ただし、要介護1・2の者であっても、やむを得ない理由があれば特例的に入所が認められる場合があります。

　地域密着型介護老人福祉施設入所者生活介護のサービスの内容は、食事や入浴などの介護、日常生活上の支援、機能訓練、療養上の世話などです。

　施設の形態は、多床室、従来型個室、ユニット型個室に分けられます。ユニット型の施設は、居室と共同生活室が必要です。居室は原則個室で、共同生活室には、食堂や居間など交流の場が設置されます。

　利用者が負担する料金には、施設サービス費、居住費・食費、日常生活費があります。施設サービス費に関して、たとえばユニット個室を利用している要介護3の利用者は、1日につき787円を負担します。これらの負担は利用者の居住する市町村や利用者などの所得によっても異なります。

20 定期巡回・随時対応型訪問介護看護

サービスの内容

定期巡回・随時対応型訪問介護看護は、介護や看護を必要とする者が、自宅での生活を維持できるように支援するサービスです。

サービスの内容は、①定期巡回サービス、②随時対応サービス、③随時訪問サービス、④訪問看護サービスの4つに分類できます。

①定期巡回サービスは、訪問介護員などが、定期的に利用者の自宅を巡回し、食事や入浴などの介護や日常生活上の支援を行うサービスです。

②随時対応サービスとは、オペレーターが通報を受け、利用者の状況に応じてサービスの手配を行うサービスです。

③随時訪問サービスは、オペレーターの要請により、随時、訪問介護員などが利用者の自宅を訪問し、食事や入浴などの介護や日常生活上の支援を行うサービスです。

④訪問看護サービスは、看護師などが利用者の自宅を訪問し、療養上の世話や診療の補助などを提供するサービスです。

サービスを提供する形態には一体型と連携型があります。

一体型は、1つの事業所が、上記4つのサービスをすべて提供することができる形態です。連携型は、訪問介護事業者と訪問看護事業者が連携をとりサービスを提供する形態です。具体的には、上記①〜③のサービスを訪問介護事業者が提供し、④のサービスを訪問看護事業者が提供します。

定期巡回・随時対応型訪問介護看護の対象者は、要介護1以上の認定を受けた者です。要支援1または要支援2の認定を受けた者は利用できません。

● 定期巡回・随時対応型訪問介護看護 ·····························

定期巡回・随時対応型訪問介護看護 （介護や看護を必要とする者が自宅での生活を維持できるよう支援するサービス）		
サービス内容	定期巡回サービス	訪問介護員などが定期的に利用者の自宅を巡回
	随時対応サービス	オペレーターが通報を受けてサービスの手配を行う
	随時訪問サービス	オペレーターの要請により、訪問介護員などが利用者の自宅を訪問してサービスを提供する
	訪問看護サービス	看護師などが利用者の自宅を訪問し、療養上の世話や診療の補助などを行う
サービスを提供する形態	一体型	1つの事業所がすべてのサービスの提供を行う
	連携型	訪問介護事業者と訪問看護事業者が連携をとる
対象者	要介護1以上の認定を受けた者	

▌利用料金

　定期巡回・随時対応型訪問介護看護は、上記①〜④のサービスを、24時間365日受けることができます。

　定期巡回・随時対応型訪問介護看護の利用料金は、一体型か連携型かにより分けられ、一体型の場合はさらに、訪問看護サービスを行うか行わないかにより分けられます。

　たとえば、要介護1の利用者の自己負担額は、一体型で訪問看護を行う事業者を利用した場合、1か月あたり8,287円です。1か月あたりで利用料金が定められているため、何度利用しても、1か月にかかる負担額は変わりません。これらの負担は利用者の居住する市町村や利用者などの所得によっても異なります。

21 サービス付き高齢者向け住宅

どんな施設なのか

　サービス付き高齢者向け住宅とは、高齢者が住みやすいようにバリアフリー構造などを施し、状況把握サービスと生活相談サービスも付けた賃貸住宅です。「サ高住」と省略されて呼ばれることもあります。

　サービス付き高齢者向け住宅に入居できる者は、60歳以上の高齢者、60歳未満であっても要介護認定や要支援認定を受けた者です。また、その配偶者や親族も入居することが可能です。そのため、部屋のタイプもさまざまで、1名しか入居できない単身タイプや配偶者と2名で入居できるタイプなどがあります。夫婦とも要介護認定を受けており、単身タイプの部屋しかない施設でも、夫婦で2部屋契約して一方を寝室、もう一方を日中生活の場とするなど、比較的自由にできることもサービス付き高齢者向け住宅のメリットです。

　まだ介護が必要でなくても、夜間などひとりでの生活に不安を抱えている高齢者は少なくありません。しかし、介護施設や老人ホームなどに入居するには要介護者でなければならず、サービス付き高齢者向け住宅が創設されるまで、まだ介護が必要ではない比較的元気な高齢者が入居できる施設は多くありませんでした。

　また、高齢者にとって、一般の賃貸住宅は住みづらく感じることもあります。たとえば、階段の上り下りなども高齢となると大変な作業です。介護が必要となっても、住み慣れた施設で引き続き日常生活の介助を受けながら過ごしたいと考える人は少なくありません。

　このような希望に応えるため、2011年の高齢者の居住安定確保に関する法律（高齢者住まい法）によりサービス付き高齢者向け住宅が創設されました。

● サービス付き高齢者向け住宅

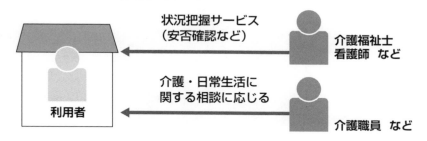

どんなサービスが受けられるのか

　サービス付き高齢者向け住宅の大きな特徴は、状況把握サービスや生活相談サービスがあることです。

　状況把握サービスは、安否確認です。介護福祉士や看護師などが、朝食前や就寝前など定期的に居室を訪ね、安否確認を行います。このとき、健康状態のチェックなども行います。

　また、サービス付き高齢者向け住宅の中には、見守りセンサーを設置しているところもあります。見守りセンサーは、たとえば、キッチンに取り付けられ、10時間、見守りセンサーの前を誰も通らなければ、管理事務所などに通報されるシステムです。見守りセンサーは、居住者のプライバシーを保護した上で、安否確認を行うこともできます。

　サービス付き高齢者向け住宅には、緊急通報装置も取り付けられています。緊急通報装置は、たとえば、倒れたときに装置についているボタンを押すことで通報ができる装置です。緊急通報装置は居室のさまざまな場所に取り付けられています。

　生活相談サービスは、サービス付き高齢者向け住宅で居住する高齢者の相談に対応するサービスです。介護に関する相談や、日頃困っていることなども相談できます。相談は、介護職員などの介護の専門家が対応します。

　これらのサービス以外のサービスを提供しているサービス付き高齢

者向け住宅もあります。たとえば、食事、掃除、洗濯などの生活支援サービスや病院への送迎などです。

有料老人ホームとの違い

　サービス付き高齢者向け住宅と介護付有料老人ホームの大きな違いは、賃貸住宅と介護施設であることです。

　介護付有料老人ホームは、介護施設であるため、介護サービスが実施されます。そのため、食事や入浴など24時間介護を受けることができ、要介護度が重度であったとしても生活を送ることができます。

　一方、サービス付き高齢者向け住宅はあくまで賃貸住宅であり、介護施設ではありません。そのため、サービス付き高齢者向け住宅には、自立して日常生活を送ることができる高齢者の入居が想定されています。入居者が、介護が必要になった場合には、別途介護事業者と介護サービス提供について契約を締結しなければなりません。

　また、サービス付き高齢者向け住宅と介護付有料老人ホームは、契約方式にも違いがあります。

　一部の介護付有料老人ホームでは、利用権方式という契約方式をとっています。利用権方式とは、有料老人ホームを利用する権利を前払いで購入する方式です。利用権を前払いで購入することにより、利用者は、契約で定めた期間、毎月賃料を払う必要はありません。

　一方でサービス付き高齢者向け住宅は、一般的な住宅同様に、建物賃貸借契約です。そのため、毎月賃料を支払わなければなりません。

　また、契約内容によりますが、利用権方式で契約する有料老人ホームは、利用期間中に施設内で部屋を移動することがあります。利用権は、あくまで施設の利用権であり、個別の部屋の利用権ではないからです。

　その点、サービス付き高齢者向け住宅は、建物内の特定の居室について賃貸借契約を締結するため、基本的には居室の移動はありません。

介護保険は利用できるのか

　サービス付き高齢者向け住宅は、基本的には「住まい」としての役割を持っているだけなので、介護保険は適用されません。ただ、以下の場合には、介護保険を利用することができます。

・特定施設入居者生活介護の指定を受けている場合は、日常生活の介護を包括的に受けることができます。家賃の他に、介護サービスの自己負担分を支払う必要があります。

・特定施設入居者生活介護の指定を受けていない場合は、外部の訪問介護事業所や通所介護事業所などと契約することで、介護保険を利用できます。

どんな選び方をすればよいのか

　サービス付き高齢者向け住宅は、柔軟な生活を実現できるとして注目されている住宅ですが、住宅を選ぶ際には十分に注意する必要があります。サービス付き高齢者向け住宅の運営母体は、社会福祉法人や医療法人、民間企業などさまざまで、運営母体によりサービスの内容や特徴が異なります。

　基本的にサービス付き高齢者向け住宅で介護サービスを受けるには利用者自身で契約を締結する必要がありますが、中には介護事業者と提携しているところもあります。そのため、サービス付き高齢者向け住宅を選ぶ際には、利用者のニーズに合った住宅かどうか、しっかりと情報を得るようにしましょう。

　情報を得る手段としては、消費者生活総合センターや各市町村の窓口に相談する方法があります。また、インターネット上に情報提供システムがあり、家賃や併設施設の有無などの情報を得ることができます。サービス付き高齢者向け住宅事業者に対しても、しっかりと情報の開示や説明を求めるようにしましょう。

有料老人ホーム

どんな種類があるのか

　有料老人ホームは、高齢者を入所させて、介護サービスなどを提供することを目的とした施設です。

　有料老人ホームには、提供するサービスの内容により、①介護付有料老人ホーム、②住宅型有料老人ホーム、③健康型有料老人ホームに分けられます。

①　介護付有料老人ホーム

　要介護状態でも生活ができるように食事、入浴などの介護サービスが行われます。また、医療体制が整っている施設もあります。介護付有料老人ホームは、施設のタイプによって、さらに介護専用型と外部サービス利用型に分けられます。

　介護専用型は、施設内の職員が日常生活に関わる介護を行い、一方で外部サービス利用型は、施設外の職員が介護を行います。

　介護付有料老人ホームへの入居要件は、要支援、要介護認定を受けていることです。また、介護付有料老人ホームは、都道府県により、特定施設入居者生活介護の指定を受けなければなりません。

②　住宅型有料老人ホーム

　ある程度自立して日常生活を送ることができる高齢者を対象とした施設です。

　住宅型有料老人ホームの特徴は、食事の提供や清掃などの生活上のサポートは受けられますが、施設からの介護サービスは受けられないという点です。そのため、住宅型有料老人ホームに入居し、介護サービスが必要な場合、個別に介護サービスの提供を契約しなければなりません。

● 有料老人ホーム

有料老人ホームの種類		特徴など
① 介護付有料老人ホーム	介護専用型	施設内の介護職員が日常生活上の介護を行う
	外部サービス利用型	施設外から派遣された介護職員が日常生活上の介護を行う
② 住宅型有料老人ホーム		・比較的自立した日常生活を送ることができる高齢者が対象の施設 ・60歳以上の者が入居対象（原則）
③ 健康型有料老人ホーム		・介護を必要としない高齢者に特化した施設 ・60歳以上で自立した生活が可能な者が入居対象

住宅型有料老人ホームは、居宅介護支援事業者が併設されているなど、施設によってサービスや設備のあり方が異なります。ある程度自立して日常生活を送ることができる者の場合、住宅型有料老人ホームに入居することで、日常生活のサポートを受けつつ、必要な介護サービスを自分で組み立てることができます。

住宅型有料老人ホームは、原則として60歳以上の者を入居対象としています。

③　健康型有料老人ホーム

介護サービスを必要としない高齢者に特化した施設です。住宅型有料老人ホームよりもさらに自立した日常生活を送れる者を対象としています。

健康型有料老人ホームは、60歳以上で、自立した生活ができる者が対象です。自立した日常生活を送れるが、家事が面倒であったり、一人暮らしに不安があると考えている高齢者を対象としています。

健康型有料老人ホームでは、食事や清掃などの生活上必要な家事などは施設の職員が行います。

健康型有料老人ホームの特徴として、レクリエーションが充実して

いる点も挙げられます。日常生活のサポートは施設が行うため、入所者は自らの趣味などに没頭することができます。

介護保険は利用できるのか

　有料老人ホームにおいて、介護保険の利用ができるかどうかは、施設によって異なります。

　①介護付有料老人ホームの場合、都道府県により、特定施設入居者生活介護の指定を受けなければなりません。この特定施設入居者生活介護は、介護保険の在宅介護サービスにあたります。そのため、介護保険を利用することができます。

　②住宅型有料老人ホームでは、基本的に、施設から介護サービスの提供はありません。介護サービスが必要な場合、利用者自ら介護事業者と契約をして介護サービスの提供を受ける必要があります。このとき、介護保険を利用することができます。

　なお、住宅型有料老人ホームに入居している場合、在宅と同じ扱いになります。そのため、在宅の介護サービスを受けることになります。たとえば、訪問介護や通所介護などです。

　③健康型有料老人ホームについても住宅型有料老人ホームと同様です。

入居一時金について

　有料老人ホームを利用する場合の費用については、月額費用と入居一時金があります。

　月額費用は、家事や食事、介護サービスなどに対して毎月支払う費用があります。

　入居一時金は、施設の利用権を取得するために、賃料の一部を前払いで支払う費用です。

　たとえば、賃料が10万円の有料老人ホームに入居するとします。入居一時金を支払わないという契約がなされた場合、月額費用として

賃料が10万円かかります。一方、入居一時金として5年間分支払う場合は、最初に600万円を支払うことになります。

　入居一時金は施設の利用権を取得するために支払うものなので、一度支払うと以後、賃料がかかりません。先ほどの例でいうと、入居一時金として600万円支払うと、何年入居しても賃料がかかりません。一方、入居一時金を支払わなければ、居住する期間、毎月10万円の賃料がかかります。

　また、たとえば有料老人ホームに入居して、すぐに退去することになった場合、入居一時金については、クーリングオフ制度が適用されます。クーリングオフ制度は、入居契約が成立してから90日以内であれば、入居一時金が全額返還される制度です。つまり、90日の間で、その施設が自分に合っているか判断することができます。

　入居後90日を経過しても、入居一時金がまったく返還されないということはありません。施設によっても異なりますが、入居した期間に応じて一部返還されます。

どんな選び方をすればよいのか

　有料老人ホームは、社会福祉法人や医療法人、企業などの民間業者によって運営されており、さまざまなサービスを提供しているところに特徴があります。そのため、有料老人ホームを選ぶ際には、自らに合った施設かどうか十分に検討する必要があります。

　たとえば、運営母体が社会福祉法人であれば介護分野で、医療法人であれば医療分野でそれぞれ強みがあるので、ニーズに合わせて選ぶとよいでしょう。また、運営母体が民間企業の施設では、施設の作りや食事を強みにしているところもあります。

　有料老人ホームの情報は、インターネットで検索すると得られます。市区町村の窓口に相談してみるのもよいでしょう。実際に、複数の施設を見学するのも有益です。

介護現場の ICT 活用

　近年、介護現場に ICT 技術を積極的に活用しようとする取組み
が進められています。ICT 技術の向上は目覚ましく、たとえば要介
護者に関する情報を一元的に管理・共有することで、地域の介護施
設と医療施設の連携が容易になり、必要かつ十分な介護・医療サー
ビスを効率的に提供できるという利点があります。

　また、少子高齢化が進行するわが国では、労働人口の減少と介護
職員の確保という困難な問題に直面しています。このうち、とくに
介護職員の確保に関して、ICT 技術の導入によって、ある程度の
解消が期待されています。具体的には、介護ロボットの本格的な導
入が検討されています。介護ロボットとは、介護サービス利用者の
自立支援や、介護に従事する人の負担を軽減する目的で利用される
機器です。一般にロボットには、情報を感知する機能（センサー）、
情報を判断する機能（知能・制御）、動作を行う機能（駆動）と
いった要素があり、これらの要素に基づき、以下のような性能を
持った介護ロボットが実際に実用段階にあります。

・移動支援

　装着型パワーアシストや歩行アシストカートなどによって、要介
護者などが移動するのを補助します。

・排せつ支援

　ベッド脇に置かれた自動排せつ処理装置によって、寝たきりの要
介護者が、介護者がいないときであっても、スムーズに排せつを行
うことが可能になります。

・見守りセンサー

　認知症の人などが徘徊して行方不明になることを防ぐために、入
り口にセンサーを設置して、センサーを通過すると介護者や親族な
どの携帯電話に通知が行われるしくみが整えられています。

第5章

その他知っておきたい
関連事項

1 介護保険と医療保険

医療保険とは

　日常生活で病気やケガをした時に利用するのが医療保険です。病院などで支払う医療費の自己負担は、年齢によって異なります。具体的には、義務教育就学前は2割負担、義務教育就学後〜70歳までは3割負担、70〜74歳は原則2割負担、75歳以上は原則1割負担、と定められています。

　医療保険は、保険者がさまざまであることに特徴があります。たとえば、会社員が加入している健康保険は全国健康保険協会や健康保険組合が保険者として運営しています。それ以外の自営業者などが入る国民健康保険では市町村が保険者となります。また、75歳以上になると、各都道府県の広域連合が保険者となる後期高齢者医療制度に加入する必要があります。

介護保険と医療保険はどう違うのか

　医療保険は、通院や入院などにより病気やケガの完治をめざすために利用します。一方の介護保険は、日常生活を送る上での不便を解消するために利用します。たとえば、食事や入浴など生活と密接に関連した動作を自分ひとりではできなくなった場合に、ヘルパーなどに手伝ってもらいながら行います。

　医療保険の場合は、完治するまで継続して治療を受ける必要があるため利用に際して上限の設定はありません。一方で介護保険の場合は、日常生活と密接に関連したサービスで利用に歯止めが効かなくなりやすく、利用には上限の設定があります。

　また、ケアマネジャーが方針を決定し、利用者の介護計画を立案し

● 介護保険と医療保険の違い ·····························

	介護保険	医療保険
目　的	日常生活上の援助	病気やケガの完治
対象者	①65歳以上の者 ②40〜65歳で特定疾病を 　有する者	誰でも
認定の有無	要介護、要支援認定必要	不必要
方針の決定	ケアマネジャー	医師
自己負担	所得によって1割〜3割	年齢によって1割〜3割 （75歳以上は所得によって 　1割もしくは3割）
上限額	あり （要介護区分によって異なる）	なし
保険者	市町村	市町村、全国健康保険協会、 健康保険組合など

ていくことも、医療保険と大きく異なる点です。

介護と医療の連携を重視

　介護と医療は別々の制度ですが、密接に関連しています。高齢者の
ADL（日常生活動作）が低下し転倒したことによって入院してしま
うケースや、入院後に介護サービスを利用するケースが多くなってい
ます。また、入院後、在宅に復帰できなければ、介護や医療サービス
のある施設への入居も考えられます。認知症に関しても、早い段階で
認知症であることが診断されれば、それに応じた介護サービスを提供
でき、認知症の進行を遅らせることができます。

　このような課題を解決するものとして「地域包括ケアシステム」
（⇨ P.24）の構築が挙げられます。介護と医療が連携し、利用する人
が住み慣れた地域で住み続けられるように支援するのが、国の方針の
ひとつです。また、認知症の早期発見に向けて、かかりつけ医や認知
症サポート医の体制整備も進められています。

2 医療保険制度

医療保険制度の全体像

　医療保険制度は、医療保険に加入する被保険者が保険料を出し合い、実際に治療を受けた人に保険給付が支払われるしくみにより、少ない費用負担で質の高い医療サービスを提供することを可能にしています。ここでは、医療保険制度の全体像について説明します。

　日本の医療保険制度では、国民皆保険制度によって、誰もが何かしらの医療保険制度に加入しています。たとえば、国民健康保険、全国健康保険協会管掌健康保険（協会けんぽ）、組合掌握健康保険、共済組合、後期高齢者医療制度があります。国民健康保険は市町村が保険者です。組合掌握健康保険は、大企業が単独あるいは共同で設立した健康保険組合が保険者となり運営しています。

　一方で、病院や診療所、調剤薬局などは保険医療機関などと呼ばれ、都道府県などが開設の許認可を行います。そうすることで診療サービスの一定の質を確保することができます。

　医療保険に加入している人（被保険者）は、これらの保険者に保険料を支払うことで、医療機関の診療を受けることができます。その際、被保険者は一部の自己負担を支払うだけで診療サービスを受けることができ、残りの費用（診療報酬）については医療機関が保険者に請求します。実務的には、診療報酬の請求や支払いについては、国民健康保険団体連合会などの審査支払機関が行います。審査支払機関が医療機関と保険者の間に立ち、診療報酬の請求や支払いを行うのです。

　これらの診療サービスと、介護サービスにおける全体の流れは、保険者や保健医療機関などが異なるだけで、全体像はほとんど同じです。

● 医療保険制度の全体像 ·······························

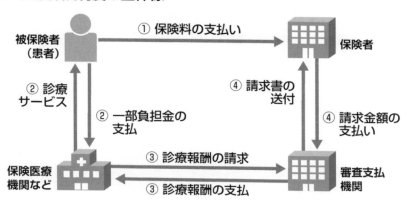

後期高齢者医療制度とは

　医療保険制度にはさまざまな種類がありますが、75歳以上になると、後期高齢者医療制度に加入しなければなりません。後期高齢者医療制度は各都道府県単位で広域連合を設立し、その広域連合が運営しています。事務的な手続きなどの窓口は各市町村が行います。

　所得があり医療費の低い現役世代は、全国健康保険協会や健康保険組合などに多く加入する一方で、高齢者は退職して所得が下がり、医療費が高く、さらに国民健康保険に加入している割合が高くなります。これらの構造的課題を解決するために、後期高齢者医療制度では、現役世代の支援金と公費で高齢者の医療費の9割をまかなうなど、高齢者医療を社会全体で支えるしくみを設けています。

　後期高齢者医療制度が創設されるまで、高齢者の医療についてはいくつかの法律が制定され、そのたびに課題が顕在化して新しい制度の検討が繰り返し行われてきました。まず、昭和48年には、老人医療費の無料化が行われています。しかし、医療費が無料となることで、たいした病気でないにもかかわらず病院に行く高齢者が増えるなど、病院が高齢者のサロンのようになるといった弊害が指摘されるようになりました。

昭和58年には老人保健法が制定され、利用者負担の導入（外来400円、入院日額300円）、健康保険などからの拠出金（7割）や公費（3割）などを財源に、市町村が医療制度の運営を行うことになりました。

しかし、急速な高齢化にともない、一定の利用者負担だけでは高齢者世代の医療費の伸びをまかなうことができず、保険者である市町村の運営も困難な状況になりました。そこで、利用者の一部負担を定率1割に変更、老人保健制度の対象年齢を70歳から75歳に引き上げる変更などの対策が行われました。

そして、2008年（平成20年）には、独立した医療制度である後期高齢者医療制度が施行されました。

後期高齢者医療制度では、運営費用の5割を公費、4割を国民健康保険と健康保険などの現役世代からの支援金、残りの1割を高齢者の保険料とすることが定められました。また、保険者機能を都道府県ごとの広域連合に一元化し、財政・運営責任を明確にするとともに、都道府県ごとの医療水準に応じた保険料を高齢者全員で公平に負担する制度になりました。

どんな給付があるのか

医療保険制度での主な給付や負担額は、次ページの図のようになります。健康保険や共済制度では、図以外の給付として傷病手当金や出産手当金がありますが、国民健康保険や後期高齢者医療制度では給付を行っていません（任意給付のため実施することも可能）。それ以外の給付については、各制度で大きな違いはありません。

療養の給付、療養費、訪問看護療養費とは

業務以外の事由により病気やケガをした場合に、病院や診療所などの保険医療機関で治療を受けることができます。具体的な療養の給付

● 医療保険の主な給付と自己負担額（割合）‥‥‥‥‥‥‥

主な給付	自己負担額（割合）など	
療養の給付	（自己負担割合） 義務教育就学前：2割 義務教育就学後から70歳未満：3割 70歳以上75歳未満：2割（現役並み所得者は3割） 75歳以上：1割（現役並み所得者は3割）	
訪問看護療養費	療養の給付と同じ自己負担割合	
入院時 食事療養費	食事療養標準負担額：1食につき460円 低所得者（市区町村民税非課税対象者）：1食につき210円 低所得者で90日を超える入院：1食につき160円 70歳以上の低所得者：1食につき100円	
入院時 生活療養費	生活療養標準負担額：1食につき460円（食費）＋370円（居住費） 低所得者：1食につき210円（食費）＋370円（居住費） 70歳以上の低所得者：1食につき130円（食事）＋370円（居住費） 老齢福祉年金受給者：1食につき100円（食事）＋0円（居住費）	
高額療養費 （自己負担 限度額）	70歳以上の場合【外来のみ（個人ごと）】	70歳以上の場合【外来＋入院（世帯単位）】
	（課税所得が690万円以上） 252,600円＋(10割の医療費 －842,000円)×1%	（課税所得が690万円以上） 左記と同様
	（課税所得が380万円以上 690万円未満） 167,400円＋(10割の医療費 －558,000円)×1%	（課税所得が380万円以上 690万円未満） 左記と同様
	（課税所得が145万円以上 380万円未満） 80,100円＋(10割の医療費－ 267,000円)×1%	（課税所得が145万円以上 380万円未満） 左記と同様
	（どれにも該当しない） 18,000円	（どれにも該当しない） 57,600円
	（世帯全員が住民税非課税） 8,000円	（世帯全員が住民税非課税） 24,600円
	（世帯全員が住民税非課税かつ所得が0円） 8,000円	（世帯全員が住民税非課税かつ所得が0円） 15,000円

の範囲は、診察、薬代、治療材料の支給、処置・手術の治療、在宅で療養する上での管理、病院や診療所への入院、その他の看護などです。

自己負担額は、上図のように年齢によって異なります。保険医療機

関の窓口で被保険者証を提示して、自己負担分を支払うことを現物給付といいます。現金を受け取る代わりに、医療サービスという現物を給付されているという意味です。

　一方で、やむを得ない事情で、全額自費で受診し、後でその費用の還付を受けることを現金給付といい、その費用については療養費から支給されます。やむを得ない事情とは、具体的に、事業主が資格取得の手続き中で、被保険者証の交付を受けていない場合、柔道整復師などから施術を受けた場合、などが該当します。

　また、在宅で療養している人が、医師の指示に基づいて訪問看護ステーションなどの訪問看護師から療養上の世話や必要な診療の補助を受けた場合には、療養の給付ではなく、訪問看護療養費が支給されます。

入院時食事療養費、入院時生活療養費とは

　病気やケガによって入院したときには、療養の給付以外にも入院時食事療養費や入院時生活療養費が支給されます。

　入院時の食事の費用は、この入院時食事療養費と入院患者が負担する標準負担額でまかなわれます。入院患者が負担する標準負担額は、前ページの図のとおりで、住民税非課税世帯の人に対しては、標準負担額が軽減されています。

　介護保険で施設入所する場合は、食費と居住費を負担しなければなりません。一方で、保険医療機関への入院をしている高齢者が、食費だけの負担では不公平です。そのため、介護保険との均衡の観点から、65歳以上の者が入院する場合には、食費以外にも居住費を自己負担し、それらの生活療養（食費や居住費、水道光熱費）に要する費用については、保険給付として入院時生活療養費を支給することにしました。入院時生活療養費の標準負担額も、前ページの図のとおりで、住民税非課税世帯や年金収入が80万円以下の者に対して、食費や居住費の軽減が行われています。

保険外併用療養費とは

　健康保険では、原則として保険が適用されない保険外診療があると、それ以外の保険診療も含めて医療費の全額が自己負担となってしまいます。これは、保険外診療は安全性や有効性が認められていないためです。

　ただし、保険外診療を受ける場合においても、「評価療養」と「選定療養」については保険診療との併用が認められています。つまり、保険外療養の費用については全額自己負担し、保険療養の費用については、療養の給付と同様の割合で患者が一部負担金を支払います。残りの部分については、保険外併用療養費として医療保険から給付が行われます。評価療養とは、先進医療や医薬品の治験にかかわる診療などをいいます。選定療養とは、特別の療養環境（差額ベッド）や予約診療、大病院の初診などをいいます。

高額療養費とは

　病院に長期入院が必要であったり、治療が長引き通院が多くなるような場合は、いくら療養の給付の自己負担割合が3割であったとしても高額な費用がかかる可能性があります。また、入院や通院をしている間は仕事を休まざる得ない場合も多く、金銭的な負担も大きく生活が安定しないということもあります。

　そのため高額療養費制度では、被保険者の所得の状況により上限額を設け、医療費の自己負担額がその上限額を超えた場合は、その超えた部分が払い戻されます。

　具体的には、70歳未満の場合、同一月内に同一世帯で2万1,000円以上の自己負担が複数あるときには、これらを合算して自己負担限度額を超えた金額が支給されます（世帯合算）。70歳以上の場合は、世帯合算を行う前に、個人ごとの外来、70歳以上の世帯員の外来・入院ごとに定められた自己負担限度額を順に適用して計算を行います。

3 障害者総合支援法と 障害福祉サービス

障害者総合支援法とは

　介護サービスとも部分的に重なり合いが見られる障害福祉サービスについて、支給方法のしくみなどを規定した法律が障害者総合支援法です。障害者総合支援法には、①障害者の範囲の見直しと、②障害支援区分の設定を行うという2つの目的があります。

① 障害者の範囲

　障害者総合支援法では、他の障害者福祉に関する法律と同様に、身体障害者、精神障害者、知的障害者を障害者として定義しています。また、障害者総合支援法では、難病患者なども対象に含まれています。

　かつては、難病患者などを障害福祉サービスの対象外に置いていたために、刻一刻と状況が変化する難病患者などが、適切なサービスを受けられないという弊害がありました。そこで障害者総合支援法では、難病患者なども対象に含めることで、サービスを必要とする人に、適切なサービスが行き届く制度を整えています。なお、発達障害者についても、かつては知的障害者あるいは精神障害者として扱われてきましたが、障害者総合支援法では、発達障害者として、障害福祉サービスを受給することができます。

② 障害支援区分の設定

　障害者総合支援法では、障害福祉サービスを受給する際に、障害支援区分の認定を受けなければならない、というしくみが設けられています。介護サービスにおいても介護認定を受ける必要があるので、類似している点もあります。障害支援区分も、コンピュータによる1次判定と、市町村審査会による2次判定という2段階の判定が行われます。ただし、介護認定に比べて、きめ細かな判定が可能であるとい

● 障害者総合支援法の基本理念と主なサービス ‥‥‥‥‥‥

| 障害者総合支援法 | 障害福祉サービスの支給方法のしくみなどを規定した法律 |

【基本理念】

- 障害の有無にかかわらず、すべての国民が等しく基本的人権を持つ個人として尊重されること
- 障害者と健常者を隔てることなく、相互に支え合う共生社会を実現すること
- 障害福祉サービスについて、可能な限り身近な場所で日常生活や社会生活に必要な支援を受けられるように配慮すること
- 障害者の社会参加のための機会を確保すること
- 障害者が地域社会に生活する一人として、生活の場やさまざまな事項について選択肢を持つことが確保されること
- 物理的な障壁以外にも社会に存在するさまざまな事項についてバリアフリーを実現すること

【主なサービス】

★介護給付

> 居宅介護　重度訪問介護　同行援護　行動援護
> 重度障害者等包括支援　短期入所　療養介護　生活介護　など

★訓練等給付

> 自立訓練（機能訓練／生活訓練）　就労移行支援
> 就労継続支援　共同生活援助　自立生活援助　就労定着支援　など

う特徴があります。具体的には区分1から区分6までの6段階に分けられますが、単に歩行や起き上がりなどの動作の他に、コミュニケーションを図ることが可能か否かなど、より個別具体的な事情まで考慮した上で適切な障害福祉サービスがどのような内容であるのかを検討し、判定が行われます。

どんなサービスがあるのか

　障害者総合支援法に基づく障害福祉サービスは、大別すると、自立支援給付と地域生活支援事業（⇨ P.163 図参照）に分けられます。介護サービスと関連が深いのが自立支援給付です。自立支援給付とは、

障害福祉サービスの中心を構成する給付を指し、さらに、介護給付と訓練等給付などに分類されます。以下では、自立支援給付の中心である、介護給付と訓練等給付について見ていきます。

① **介護給付**

介護給付とは、各種障害福祉サービスを利用した際に、利用者に個別に提供されるサービスを指します。具体的には、居宅介護、重度訪問介護、同行援護、行動援護、重度障害者等包括支援、短期入所（ショートステイ）、療養介護、生活介護などが挙げられます。なお、介護サービスと障害福祉サービスを一体的に利用するためのしくみとして、共生型サービスが導入されています。居宅介護や短期入所（ショートステイ）は、共生型サービスの対象に含まれています。

居宅介護は、ホームヘルプとも呼ばれ、利用者の自宅において食事・入浴・排せつなどの介護サービスが提供されます。

重度訪問介護は、重度の肢体不自由者を対象に提供されるサービスで、常時介護が必要な者に対する日常生活に必要な介護サービスの他、外出時の移動介護などのサービスも提供されます。

同行援護は、視覚障害者などが日常生活あるいは社会生活上、必要な移動についてサポートするサービスです。単なる移動の援助だけではなく、書類などの代筆や代読、日常生活に必要な物品の購入なども可能である点に特徴があります。

行動援護は、知的障害者や精神障害者などに対し外出時やその他の行動の際における危険回避に必要なサポートを行うサービスです。

重度障害者等包括支援は、介護が必要な障害者に対して、とくに介護の必要性が高い場合には、サービス利用計画を作成した上で、居宅介護なども含めて総合的なサービスを提供します。

短期入所（ショートステイ）は、障害者が数日程度の間、障害者支援施設に入所して、食事や入浴、排せつなどの介護を受けることができるサービスです。主に、自宅などで障害者の介護を行う家族が病気

● 地域生活支援事業とは ··

	主な地域支援事業	内容など
市町村事業	相談支援事業	障害者やその家族などからの相談に応じる
	成年後見利用支援事業	成年後見制度の利用に対する補助
	コミュニケーションの支援	手話通訳・要約筆記・点訳など
	移動支援	外出に必要な支援
	地域活動支援センター	創作活動・生産活動の機会や地域社会との交流の機会の提供
都道府県事業	専門性の高い相談支援事業 広域的に取り組むべき支援事業	

などの事情がある場合に提供されます。

　療養介護は、主に病院などでの長期入院者を対象に、日常生活に必要な介護の他、機能訓練や療養上の管理などの医学的な見地に基づく支援サービスを提供します。

　生活介護は、日常生活に必要な介護サービスの他、創作的な活動や生産活動などを軽作業を通じて行うことを支援するサービスです。

② **訓練等給付**

　訓練等給付とは、利用者の身体・生活機能や社会生活に必要な能力の向上をめざして提供されるサービスです。具体的には、自立訓練、就労移行支援、就労継続支援、共同生活援助、自立生活援助、就労定着支援などが挙げられます。このうち、自立訓練も共生型サービスの対象に含まれることに留意する必要があります。

　自立訓練は、入所施設や病院を退院した人などを対象に行われる訓練に関するサービスです。自立訓練は、機能訓練と生活訓練に分類されます。機能訓練では、継続的なリハビリテーションや身体機能の維持回復に必要な訓練が実施され、生活訓練では、知的障害者や精神障害者などを中心に日常生活に必要な訓練が実施されます。

就労移行支援は、通常の就職を希望する者を対象に、一定期間の間、実習や職場体験などを通して、就労に必要な知識・技能の修得のための訓練を行うサービスです。

　就労継続支援は、一般の企業に就職することが困難な人に対して、就労の機会を与え、実際の製品の製作などの生産活動の中で、知識・技能の修得をめざして行われる訓練です。

　共同生活援助は、グループホームでの支援で、知的障害者や精神障害者を対象に提供されます。日中は就労移行支援や就労継続支援を受け、夜間や休日などは、グループホームでの共同生活の中で、日常生活に必要な支援を受けることができます。また、共同生活援助は、グループホームを運営する事業者自身が介護サービスを提供する介護サービス包括タイプと、介護サービスについては外部の事業者に委託する外部サービス利用タイプ、常時介護が必要な者を対象に提供される日中サービス支援タイプに分類されます。

　自立生活援助は、障害者支援施設などを利用していた者が、一人暮らしを行うことを希望した場合に、定期的に居宅を訪れて提供されるサービスです。

　就労定着支援は、就労移行支援などの利用者に対して、就労に移行した後も、定期的に、就労した事業所や家族などとの連絡・調整を行うサービスです。

補装具の支援もある

　障害者が日常生活を円滑に送る上で、移動などの便宜のために、補装具を活用することは少なくありません。補装具として認められるためには、以下の要件を充たす必要があります。

・身体の欠損部分や失われた身体機能の補完・代替の役割を果たし、
　障害に応じて個別に設計・加工された物

・身体に装着・装用することで、就労などを含め日常生活に用いられ、

● 補装具の例 ···

障害区分	必要な補装具の例
肢体不自由	義足・義手
	装具
	車椅子・電動車椅子
	歩行器
	歩行補助杖など
音声・言語障害	重度障害者用意思伝達装置
視覚障害	盲人安全杖
	義眼・矯正眼鏡・遮光眼鏡など
聴覚障害	補聴器など

　同一の製品を継続的に使用することが想定されている物
・使用する際に、医師の診断など専門的な知見が必要である物

　補装具には購入・修理など、相当程度の費用がかかります。そこで、障害者総合支援法では、補装具の購入・修理に必要な費用の一部を補助するしくみが設けられています。具体的には、補装具費として支給されます。補装具費の支給に関しては、利用者が補装具業者から購入・修理を行う時点で一度、利用者自身が費用を負担しなければならない点に注意が必要です。そして、費用を支払った後に、自己負担額の1割に相当する金額を差し引いた額について、市町村に対して、補装具費の請求を行うという手順になります。これを償還払い方式といいます。

　かつては、補装具は購入することが当然の前提とされていましたが、今日では、補装具の貸し出しの方が利用者にとって利便性が高い場合も多く見られるようになりました。たとえば、障害の程度が進行していくにつれて、短期間のうちに補装具の変更などが必要になる場合が挙げられます。そして、障害者総合支援法は、補装具の貸与に関しても、支給の対象に含んでいます。

4 生活保護

どんな制度なのか

　生活保護とは、国民の最低限度の生活を保障するためのしくみをいいます。具体的には、最低生活費（厚生労働省が毎年算定・公表する最低限度の生活を営むのに必要な費用）の捻出が難しい生活困窮者に対して、不足分の補填のために、生活保護費が支給されます。

　生活保護の受給を希望する人は、福祉事務所などに申請を行い、最終的には厚生労働大臣が定める基準を充たし、申請の許可を受ける必要があります。申請者が就労可能な限り、収入の不足する部分について支給されるにとどまり、また、他に扶養などを受けられる場合にも、その範囲について生活保護を受給することはできない（補足性）ので、注意が必要です。

　生活保護により扶助を受けることができる項目は、8種類あります（次ページ図）。中でも介護保険との関係性が深いのは介護扶助です。介護扶助とは、生活保護受給者が、介護・支援が必要な場合（要介護者・要支援者）に、必要なサービスを支給することです。したがって、現物支給の形式で支給が行われます。

① 要介護者に対する介護扶助

　困窮する要介護者に対して支給が認められる介護扶助には、居宅介護、福祉用具、住宅改修、施設介護などがあります。

② 要支援者に対する介護扶助

　困窮する要支援者に対して支給が認められる介護扶助には、介護予防、介護予防福祉用具、介護予防住宅改修、介護予防・日常生活支援などがあります。

　上記の居宅介護や施設介護、介護予防などは介護サービスに相当す

● 生活保護の給付の種類 ·······························

給付の種類	具体的な内容
生活扶助	衣食住に必要な需要を満たすための金銭の支給
教育扶助	義務教育に伴って必要な学用品などに充てるための金銭の支給
住宅扶助	住居の維持等に必要な金銭の支給など
医療扶助	診察や投薬その他、療養に必要な現物給付
介護扶助	介護・支援に必要な現物給付
出産扶助	分娩介助などに必要な金銭の支給など
生業扶助	事業の維持などに必要な金銭の支給など ※最低限度の生活を営むことが困難になる「おそれ」がある者も対象
葬祭扶助	葬祭に必要な金銭の支給など

るサービス内容のため、生活保護受給者が介護保険の被保険者である場合には介護保険が優先的に適用され、自己負担額（原則1割）についてのみ、介護扶助が支給されます。

どのように認定されるのか

　生活保護受給者に対して、介護扶助の支給が認められると、生活保護実施機関である都道府県知事などが、サービスの提供事業者などに対して介護券を交付します。介護券の交付を受けた事業者は、介護保険と同様に、生活保護受給者に対してサービスを提供した後に、国民健康保険団体連合会に対して介護報酬を請求します。

　なお、生活保護の支給対象は世帯単位が原則です。世帯とは、1つの家計の下に同居して生活を行う者を指します。ただし、たとえば夫が就労可能であるのに働かず、家計に収入を入れずに、妻や子供の生活が困窮しているなどの事情がある場合には、妻や子を世帯から離して、生活保護を受けることが可能です。これを世帯分離といいます。

5 介護保険と各種制度の優先関係

介護に関連した保険制度

　介護は日常生活上の動作援助などを行うことが多く、日常生活に密接に関連しています。そのため、さまざまな社会保険制度の保険給付と重複する可能性があります。その場合、二重に保険給付を受けることはできず、どちらかの保険を優先して受けることになります。

　保険とは、保険料を支払っておいて、保険事故（社会保険の場合、保険事由といいます）が生じた場合に、保険給付が行われるものです。保険料を支払う者が被保険者、保険給付を行う者が保険者となります。

　たとえば、保険事由が日常生活で生じた病気やケガの場合は、医療保険から保険給付が行われます。また、業務上の病気やケガの場合は、労災保険から保険給付が行われます。それらに加えて、病気やケガの程度に応じて介護が必要になる場合もあります。

　高齢障害者の場合には、障害福祉サービスと介護サービスの保険給付を受けることが可能です。他にも、低所得者の場合は、生活保護の介護扶助が給付されることがあります。

保険制度の重複がある場合

　介護保険との重複が起こるのは、本人が介護保険の被保険者である場合です。つまり、① 65 歳以上で要介護認定や要支援認定を受けている者、② 40 歳以上 65 歳未満で特定疾病により要介護認定や要支援認定を受けている者、のどちらかに該当する場合です。その上で、他の社会保険制度の保険給付などと重複した場合に限り、どちらを優先するかという問題が発生します。①・②のどちらにも当てはまらない者は、社会保険制度同士は重複しないので、労災保険や医療保険から

● 医療保険が優先される場合 ·······························

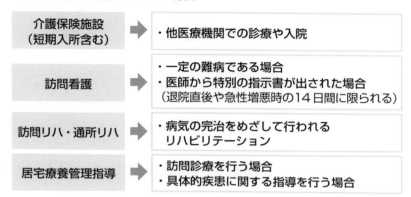

介護保険施設（短期入所含む）	・他医療機関での診療や入院
訪問看護	・一定の難病である場合 ・医師から特別の指示書が出された場合 （退院直後や急性増悪時の14日間に限られる）
訪問リハ・通所リハ	・病気の完治をめざして行われる リハビリテーション
居宅療養管理指導	・訪問診療を行う場合 ・具体的疾患に関する指導を行う場合

当然に給付を受けることになります。

医療保険との関係

　介護保険で提供されない医療的なサービスには、当然、医療保険が適用されます。たとえば、診療や投薬などが該当します。しかし、医療保険と介護保険は密接に関連した保険制度で、訪問看護や居宅療養管理指導、訪問リハビリテーション、通所リハビリテーション、短期入所療養介護は、介護保険の給付でありながら、医療系サービスを提供します。介護保険の被保険者がこのようなサービスを利用した場合は、原則として、介護保険が優先されます。

　介護老人保健施設や介護療養型医療施設、介護医療院で提供される日常的な医療サービスには、介護保険が適用されます。ただし、入所者が施設外の医療機関で医療を受けた場合、その診療などに関しては医療保険が適用されます。また、入所している要介護者の体調が急変し、手術などの急性期治療が必要になった場合は、原則として適切な治療が可能な医療機関に転院して、医療保険から給付を受けることになります。

医療保険が優先される場合とは

　介護保険と医療保険が競合する場合は、原則として介護保険が優先されることになります。しかし、例外的に医療保険を優先させる場合があります。

　リハビリテーションを受ける場合は、目的によって医療保険が優先されます。たとえば転倒などで骨折した場合、骨折を完治させるために行われるリハビリは、医療保険から保険給付が行われます。それには、医療機関などが提供するリハビリを受ける必要があります。一方で、日常生活を送るための身体機能を維持向上させる目的のリハビリは、介護保険から給付が行われます。

　訪問看護を受ける場合は、一定の難病や、医師からの指示書があるときに医療保険が優先されます。一定の難病とは、厚生労働省が定めた疾病などのことで、末期ガン、多発性硬化症、筋ジストロフィーなどが該当します。また、医師からの指示書は、特別訪問看護指示書として、退院直後や急性増悪時に出されます。指示書の有効期間は14日間となっています。

　医療保険が優先されるメリットは、介護保険とは違い、上限額が設定されていないことにあります。末期ガンや退院直後は訪問看護サービスを利用するケースが少なくありませんが、その際に介護保険が優先されると上限を超えてしまい、超過費用の全額を自己負担しなければならず、必要なサービスを利用しにくいということがあります。医療保険が優先されることで、そういったことを避けることができます。

労災保険との関係

　業務上や通勤途中の事故によって病気やケガをした場合、労働者災害補償保険から保険給付が受けられます。労働者災害補償保険では、労災事故によって、常時または随時介護が必要な状態で、介護サービスを利用した場合には、請求によって介護補償給付が支払われます。

● 介護保険と各種制度の関係 ⋯⋯⋯⋯⋯⋯⋯⋯⋯⋯⋯⋯⋯

<table>
<tr><td>

介護保険の被保険者要件
①65歳以上　もしくは
②40～65歳未満で特定疾病を有する
＋要介護（要支援）認定を受けた者

</td><td>

**介護保険の被保険者に
該当しない者**
⇒当然に他の社会保険制度
　などが適用

</td></tr>
</table>

介護保険

他の社会保険制度など
・医療保険　　・労災保険
・障害福祉サービス
・生活保護　　　など

介護保険と他の社会保険制度が重複する場合

・**医療保険との重複**
　⇒介護保険が優先される（例外あり）

・**労災保険、自動車保険との重複**
　⇒労災保険、自動車保険が優先される
　（労災保険の上限を超える場合は、介護保険の給付を受けることが可能）

・**障害福祉サービス**
　⇒原則、介護保険が優先される

・**生活保護、公的負担医療**
　⇒介護保険から優先して保険給付を行う、自己負担分は公費が負担

　「常時または随時介護が必要な状態」とは、障害（傷病）等級1級もしくは2級に該当し、常時介護を要する状態のことです。介護サービス事業者がサービスを行うと、介護補償給付は、上限16万5,150円まで支給されます。

　介護保険の被保険者が、業務上の事故によって介護が必要になった場合、この介護補償給付と介護保険が重複する可能性があります。その際は、原則として労災保険が優先されます。ただし、介護保険施設に入所している場合には、施設で十分な介護サービスを受けているため、労災保険の対象とはなりません。

介護保険から保険給付される例外もあります。前述した労災保険の上限額を超えて介護サービスを利用する場合です。つまり、介護補償給付の上限額までは労災保険が適用され、その額を超えて介護サービスを利用した場合は、介護保険の区分支給限度基準額以内であれば介護保険から利用した分と介護補償給付の上限額との差額が給付されます。

交通事故などによる補償との関係

65歳以上の介護保険被保険者が交通事故などにより要介護状態になったり、要介護状態が悪化した際に、介護サービスを利用する場合があります。

このような場合、第三者である加害者が、介護サービスの費用を負担します。つまり、介護保険よりも第三者が加入する自動車損害賠償責任保険や任意保険から優先して費用が給付されます。

実務上は、いったん介護保険からサービスの費用を支払っておいて、後日、保険者である市町村が第三者に対して介護保険に要した費用相当額を請求することになります。そのため、利用者は交通事故など（第三者行為）が原因であることを市町村へ届け出なければなりません。示談などが成立してしまうと、市町村が第三者へ費用を請求できなくなる可能性があるため、事前に市町村へ相談することも必要です。

障害者総合支援法との関係

障害福祉サービスの対象者は、身体障害・知的障害・精神障害のある者や難病患者などです。それぞれ身体障害者手帳や療育手帳などを取得しています。

障害福祉サービスは、出生時や若年時から利用されているのが一般的です。障害福祉サービスの利用者が65歳になると、介護保険の被保険者に該当し、介護保険の保険給付を受けることができます。

このような場合においては、障害者総合支援法に定められた障害福

祉サービスの中で介護サービスにないものに関しては、当然に障害福祉サービスを受けることになります。一方で、訪問介護や通所介護など障害福祉サービスに相当する介護サービスがある場合は、介護サービスが優先されます。

ただし、障害の程度は人によってさまざまであるため、一律に介護サービスを優先するのではなく、障害者個人の状況や必要としている支援内容に配慮して、障害福祉サービスを継続することも可能です。

生活保護との関係

生活保護は、国が定めた最低生活費よりも世帯の収入が下回っている場合に、その差額を生活保護費として支給する制度です。

生活保護には、日常生活費である生活扶助、家賃などの住宅扶助、教育扶助、医療扶助、介護扶助、出産扶助、生業扶助、葬祭扶助、の8つの扶助があります。医療扶助や介護扶助は、医療に必要な費用や、介護に必要な費用が生活保護法により負担されます。

生活保護を受けている人で、なおかつ、65歳以上の要介護（要支援）認定を受けている介護保険の被保険者などは、自己負担部分（1割）が生活保護の介護扶助として給付されます。

公費負担医療との関係

病気や患者の状況によって、国や地方公共団体が医療にかかる費用を優先的に負担する制度を公費負担医療制度といいます。具体的な病気や負担割合は、法律で定められています。たとえば、結核予防法により、結核患者は介護保険を優先し95％までを公費で負担すると定められています。具体的には、費用の90％を介護保険が負担し、5％を公費が、残りの5％を利用者が負担することになります。

公費負担医療として、他に、障害者の自立支援医療や原爆被爆者の一般疾病医療などがあります。

6 混合介護

介護保険外サービスとは

　介護保険外サービスとは、介護保険制度が適用されないサービスのことです。

　「介護保険制度が適用されない」とは、介護事業者が保険者から介護報酬を受け取ることができない、ということを意味します。利用者が介護サービスを受けると、介護事業者は利用者と保険者である市町村に介護報酬を請求し、利用者から原則1割、市町村から原則9割の介護報酬を受け取ることができます。しかし、介護保険外サービスを提供した場合は、市町村に介護報酬を請求することができず、全額利用者に請求することになる、ということです。

　「介護保険外サービスは全額利用者負担」と聞くと、負担額が高額になるのではと心配になる人もいると思います。たしかに、介護サービスが原則1割の負担という点からすると、介護保険外サービスの利用者負担額は高額となる可能性があります。

　しかし、介護保険外サービスには、柔軟に利用者個人に合ったサービスを提供できるという点にメリットがあります。

　介護サービスは、介護保険制度が改正され、以前よりもサービスの種類や内容が充実しました。そして、個々の利用者のニーズに合ったサービスの提供が実現できるようになりました。とはいえ、介護保険法などの制度を根拠としたサービスであるため、完全に利用者のニーズに沿ったサービスとすることは困難です。

　介護保険外サービスは、利用者と事業者の契約で介護保険制度にないサービスを提供することができます。そのため、より利用者のニーズに沿ったサービスの提供を実現できるのです。

● 混合介護

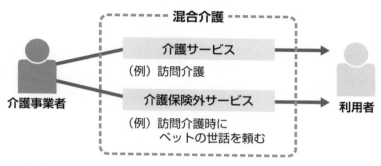

【混合介護のメリット】
- 利用者のニーズに柔軟に対応しサービスの幅が広がる
- 介護サービスでは行き届かない点を介護保険外サービスが補う

どんなものがあるのか

　一方で介護保険外サービスは、市町村やNPO法人、シルバー人材センター、民間企業などにより提供されています。

　たとえば市町村では、月に1回程度オムツを自宅まで配送してくれるサービスや、理髪店などが自宅に訪問し散髪してくれる訪問理美容サービスなどを提供しています。他にも、民間企業が行っている介護保険外サービスとして、弁当店が自宅まで食事を運ぶ配食サービスや、清掃会社が家事を代行するサービスなど、さまざまなものがあります。

　利用者負担は、たとえば上記の例については、市町村のオムツ配送サービスで月に6,000円～1万円、訪問理美容サービスで1回500円～3,000円です。民間企業の場合は、提供する企業により異なりますが、お弁当配送サービスで1回につき500円～700円、清掃サービスで1回3,000円程度です。

混合介護・混合診療のメリット・デメリット

　混合介護とは、介護サービスと介護保険外サービスを組み合わせて

同時に提供する介護のことです。選択的介護とも呼ばれます。

　混合介護は、利用者のニーズに柔軟に対応し、サービスの幅が広がるという点にメリットがあります。介護保険外サービスは、介護サービスが提供できないサービスも提供することができるという点に特徴があり、混合介護が実現することにより、介護サービスの欠点を介護保険外サービスが補う形で幅広いサービスを提供できるようになります。これは、利用者のニーズに応えたサービスの提供を実現できるようになるということでもあります。また、介護サービスの質を向上させることもできます。介護事業者としても、介護サービスは報酬額が決められており、介護サービスの提供のみで大きな利益を生むことは容易ではありません。そこで、混合介護をすることにより、より効率よく利益を得ることができるようになります。

　一方、混合介護と類似した制度として、混合診療があります。混合診療とは、保険診療と保険外診療を組み合わせて提供される医療行為のことです。混合診療は、原則として禁止されています。

　混合診療が禁止されている理由としては、患者の負担が不当に拡大する可能性があると考えられていることが挙げられます。患者にとって、保険診療なのか、保険外診療科なのかを判断することは困難です。そこで、混合診療が行われると、保険外診療は全額利用者の負担であるため、知らぬ間に多額の自己負担を強いられるということになりかねません。

　また、科学的根拠のない特殊な医療の実施を助長することにもなりかねません。医療について十分な知識を持っていない患者からすると、医者が勧める治療は必要な治療であると信じてしまうことも多いでしょう。そのため、科学的な研究が未熟であったり、根拠が不明な医療についても、つい同意し、実施されてしまう可能性があります。

　このような理由から、混合診療は原則として禁止されています。

混合介護にはどんな問題点があるのか

　前述したような混合診療を禁止する理由は、混合介護にもあてはまります。一般の人にとって、介護サービスと介護保険外サービスを明確に区別することは困難です。また、その介護保険外サービスが本当に必要なサービスかを十分に検討できないまま、提供される可能性もあります。

　混合介護にもこのような問題はありますが、現在、混合介護の規制は緩和する方向で議論が進められています。混合介護のメリットは、介護サービスがカバーしていないサービスについても、介護保険外サービスにより提供できることです。この混合介護のメリットは、利用者のニーズに合わせた柔軟な介護サービスの提供をする上で、大きな意味をもつと考えられています。

　2018年、厚生労働省は、混合介護の提供をするためのルールを整理し、都道府県などに通知しました。その通知の中で想定されている混合介護の例として、①訪問介護の提供時間の前後や合間に行う草むしりやペットの世話、同居家族の部屋の掃除、②通所介護の事業所内のサービス提供時間中に行う理美容サービスや健康診断の受診、などが挙げられています。

　また、通知の中では、介護事業者が遵守しなければならないことも規定されました。具体的には、①介護保険外サービスの運営方針・料金などを別途設定すること、②利用者に文書で丁寧に説明した上で同意を得ること、③介護サービスと介護保険外サービスの提供時間・費用などについても分けて知らせなければならないことなどです。

　2018年からは、東京都豊島区において、混合介護のモデル事業が開始されました。このモデル事業の成果次第では、混合介護がさらに広がる可能性もあります。

7 介護情報サービスの公表

なぜ介護情報を公表する必要があるのか

介護情報サービスの公表制度は、誰でも気軽に介護サービスや事業者についての情報を入手することができる制度です。

介護保険法が制定され、利用者の自己決定権が保障されるようになりましたが、これを可能にしたのが、介護サービスが利用者と事業者の契約に基づくとする規定です。利用者が介護サービスや事業者について選択できるようになりました。

しかし、利用者が自ら事業者や介護サービスについての情報を取得し、選択することは容易ではありません。また、事業所によって公開している情報が古かったり不十分だったりすると、比較検討することができません。

そこで、都道府県などが取得した情報を公開することで利用者の情報取得を容易にし、介護サービスや事業所の選択ができるようにするため、介護情報サービスの公表制度が創設されました。

どんな情報が公表されているのか

事業所の情報の公表は、都道府県によりなされます。公表される情報の内容としては、基本的な項目と、事業所運営に関わる各種取組みの情報があります。

基本的な項目とは、事業所や施設を構成する客観的な事実のことです。たとえば、事業所の名称、所在地、従業者に関係する情報、提供するサービスの内容、利用料などがあります。

事業所運営に関わる各種取組みの情報としては、たとえば、利用契約の際に申込者の判断能力に応じて代理人や立会人を求めているか、

● 介護情報サービスの公表 ‥‥‥‥‥‥‥‥‥‥‥‥‥‥‥

利用者	← ③ ホームページにより公開	都道府県

①～③により 情報を閲覧可能 →

【公開される情報】

● 基本的な項目
　⇒事業所の名称、所在地、従業者に関係する情報、
　　提供するサービスの内容、利用料など

● 事業所運営に関わる各種取組みの情報
　⇒利用者の権利擁護の取組み、サービスの質の確保
　　への取組み、外部機関などとの連携、事業運営・
　　管理の体制、安全・衛生管理の体制など

① 事業所情報の報告

② 都道府県が内容を審査

事業者

といった利用者の権利擁護についての取組みや、サービスの質の確保
への取組み、外部機関などとの連携、事業運営・管理の体制や安全・
衛生管理の体制などがあります。

　都道府県知事は、必要と認める場合、公表されている情報の内容を
確認するための調査を行うことができます。調査が必要と考えられる
事項については、新規申請時や新規指定時、新規申請から3年間は毎
年、調査が実施されます。

▌利用者はどのように利用すればよいのか

　事業所の情報が公表されるまでの流れとしては、①事業所が事業所
の情報を都道府県に報告、②都道府県による内容の審査、③都道府県
のホームページによる公表、となります。②の審査の際に、必要と認
められる場合は、都道府県または都道府県が指定した調査機関により
訪問調査が行われます。

　利用者は、インターネットを利用して、都道府県のホームページで
公開された情報を閲覧することができます。また、各市町村に問い合
わせて情報を取得することもできます。

8 介護サービスへの苦情や不服申立て

■ サービスに苦情があるときどこにいえばよいのか

　介護保険制度は、介護サービスに苦情があるとき、相談などができる制度を設けています。苦情を処理するための機関として、介護事業者、運営適正化委員会、都道府県の国民健康保険団体連合会（国保連）などがあります。

　介護事業者には、厚生労働省令で、苦情を受け付ける窓口を設置し、苦情に対して迅速に、適切に処理することが義務付けられています。また、苦情の処理にあたり、運営適正化委員会や国保連の調査に協力し、指導などがなされた場合には、適切に改善しなければなりません。介護事業者は、利用者に直接、接する立場にあるため、苦情などが生じた場合は積極的に改善に取り組む必要があります。

　都道府県の社会福祉協議会が設置する運営適正化委員会の窓口にも相談することができます。運営適正化委員会は社会福祉法に定められた公正・中立な第三者機関です。そのため、事業所で処理しきれない苦情や、事業所には言いにくい苦情も申し出ることができます。

　都道府県の国民健康保険団体連合会（国保連）への相談も重要です。国保連でも、処理が難しい苦情について、相談がなされます。

　以上の他にも、ケアマネジャー、地域包括支援センター、都道府県、市町村、直接介護にあたる医師や介護職員などに苦情を申し出ることもできます。

　都道府県は、介護事業者や施設への立ち入り検査や指定取消しなど、強力な権限を行使することができます。

　ケアマネジャーは、利用者に近い立場にあるため、親身に相談に乗ってくれる存在です。また、ケアマネジャーには、国保連などへの

● 介護サービスへの苦情や不服申立て ……………………

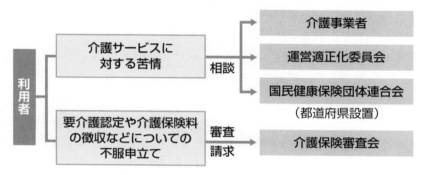

相談の際に援助もしてもらえます。

苦情解決の手順

　苦情解決においては、事業者段階での苦情解決が優先されます。事業者には苦情受付担当者や苦情解決責任者の配置が義務付けられており、当事者間での話し合いにより解決をめざします。各事業者において第三者委員の設置も行われているため、ある程度の公平・中立性は保たれています。しかし、事業者側による公平・中立的な立場での対応には限界があります。また、事業者に直接苦情を言いにくい場合もあるでしょう。こういった場合に、運営適正化委員会や国保連へ相談することになります。

　運営適正化委員会や国保連での苦情解決の流れはほとんど同じです。

① 苦情申出
② 苦情の解決について相談、助言
③ 事業者への調査
④ 利用者への調査
⑤ 解決のあっせん
⑥ 事業者への結果伝達
⑦ 事業者から解決状況の報告

⑧ 都道府県への情報提供

　どちらも、弁護士、医師、社会福祉士などの専門家が、それぞれの立場から相談や助言を行い、解決に向けた検討を行うため、より公平・中立的な苦情処理が行われます。

　苦情を申し出ることができるのは、苦情の原因となる介護サービスに対して何らかの利害関係を持っている者です。たとえば、介護サービスの利用者、利用者の家族、介護サービスの提供に関する状況を具体的に把握している者（事業所の職員、民生委員など）です。

　介護保険制度では、利用者本人の自己決定を最も重視します。利害関係を持たない者が苦情を申し出て、苦情処理が行われてしまうと、利用者の意に沿わない不適当な結果を招くおそれがあります。そのため、利用者やその家族からの苦情に対応することが最も適切だと考えられています。一方で、介護サービスは生活に密接に関連したサービスでもあるため、利用者やその家族からの苦情申し出がしにくい環境でもあります。そのため、不適切なサービスの提供を具体的に把握している事業所の職員などからも苦情の申し出を行うことができます。

不服申立てはどこにするのか

　市町村が行った要介護認定や介護保険料の徴収などの決定についての不服申立ては、介護保険審査会へ審査請求を行います。

　審査請求とは、市町村が行った決定についての再審査と、違法や不当な点があった場合の決定の取消しを求めることです。

　「利用者が不満に思っていることなどについて意見を述べる」という点では、国保連などに苦情を言うのと同じように思えます。しかし、あくまで苦情は、介護サービスについて、不公平な扱いや被害、迷惑を受けた場合に、今後これらのことが起きないように事業所に対して是正を請求する意味しかありません。一方、不服申立ては、介護保険審査会の審査によって市町村が行った決定（行政処分）の取消しを行

う制度です。

　不服申立てを行い、市町村の決定が取り消されると、市町村が決定をする前の状態に戻ります。そして、もう一度、市町村により決定がなされます。この時、市町村は、取り消される判断がなされることになった理由をふまえ、再度決定を行わなければなりません。

　審査請求をすることができる期間は、原則として要介護認定や介護保険料の徴収などがあったことを知った日から３か月以内です。審査請求は、審査請求書を作成し、介護保険審査会に提出する方法によって行います。

介護保険審査会はどんなことをするのか

　介護保険審査会とは、保険者である市町村が行った要介護認定や、介護保険料の徴収などに対する不服申立てについて、審査・裁決を行う第三者機関です。各都道府県に設置されています。

　介護保険審査会の委員は都道府県知事が任命します。委員の構成は、第三者性が保たれるような構成となっています。具体的には、被保険者の代表者が３名、市町村の代表者が３名、公益の代表者が３名以上となっており、これらの委員の任期は３年です。

　介護保険審査会は、都道府県知事の附属機関として設置されています。そのため、庶務は都道府県の介護保険担当部課が行います。

　介護保険審査会の業務は、市町村が行った決定を審査し、違法や不当と判断できる場合に、その決定を取り消すことです。介護保険審査会が、新たな決定を行うのではありません。

　なお、不服申立てに対して迅速かつ正確に処理するために、介護保険審査会には、保健・医療・福祉などの学識経験者から構成される専門調査員を選任することができます。

ここでは、各介護サービスの主な利用者負担額を掲載しています。ただし、1単位＝10円、利用者の負担割合を1割として計算していますので、住んでいる地域や所得の状況によって異なる場合があります。

訪問系サービス（1回あたり）

● 基本部分

提供時間※1	訪問介護	訪問看護	訪問リハビリテーション
	身体介護中心の場合	訪問介護ステーションの場合	
20分未満	166円	312円※2	1回あたり 292円
20分以上30分未満（30分未満）	249円	469円	
30分以上1時間未満	395円	819円	
1時間以上（1時間以上1時間30分未満）	577円（30分増すごとに＋83円）	1,122円	

※1　（　）内は訪問看護の場合の提供時間。
※2　週に1回以上、20分以上の保健師または看護師による訪問を行った場合に利用可能。
※　上記の他に加算部分の料金が必要になる。

● 主な加算部分（共通）

加算	訪問介護	訪問看護	訪問リハビリテーション
中山間地域などに居住する者へのサービス提供加算	基本部分の5%		
中山間地域などにおける小規模事業所加算	基本部分の10%		
特別地域訪問加算※1	基本部分の15%		
夜間・早朝・深夜の場合	（夜間・早朝の場合）基本部分の25%（深夜の場合）基本部分の50%		なし

※1　奄美群島や小笠原諸島、離島、豪雪地帯などの国が定めた地域。

● 主な加算部分（訪問介護）

加算名	概要	利用者負担額
特定事業所加算	有資格者の割合や緊急時の対応などの要件に応じてⅠ～Ⅳに分かれている	基本部分の5～20%

● 主な加算部分（訪問看護）

加算名	概要	利用者負担額
ターミナルケア加算	死亡日および死亡日前 14 日以内に 2 回以上ターミナルケアを行った場合	死亡月に 2,000 円

● 主な加算部分（訪問リハビリテーション）

加算名	概要	利用者負担額
リハビリテーションマネジメント加算	リハビリ計画の進捗、医師の指示などの要件に応じて I～Ⅳに分かれている	1 月につき 230～420 円

通所介護（1 日あたり）

● 基本部分（通常規模型　1 か月あたり延べ利用者 750 人以内の場合）

提供時間	要介護 1	要介護 2	要介護 3	要介護 4	要介護 5
3 時間以上 4 時間未満	364 円	417 円	472 円	525 円	579 円
4 時間以上 5 時間未満	382 円	438 円	495 円	551 円	608 円
5 時間以上 6 時間未満	561 円	663 円	765 円	867 円	969 円
6 時間以上 7 時間未満	575 円	679 円	784 円	888 円	993 円
7 時間以上 8 時間未満	648 円	765 円	887 円	1,008 円	1,130 円
8 時間以上 9 時間未満	659 円	779 円	902 円	1,026 円	1,150 円

※　上記の他に加算部分、食費やオムツ代、その他の日常生活費が必要となる。

● 基本部分（地域密着型　利用定員が 18 名以下の場合）

提供時間	要介護 1	要介護 2	要介護 3	要介護 4	要介護 5
3 時間以上 4 時間未満	409 円	469 円	530 円	589 円	651 円
4 時間以上 5 時間未満	428 円	491 円	555 円	617 円	682 円
5 時間以上 6 時間未満	645 円	761 円	879 円	995 円	1,113 円
6 時間以上 7 時間未満	666 円	786 円	908 円	1,029 円	1,150 円
7 時間以上 8 時間未満	739 円	873 円	1,012 円	1,150 円	1,288 円
8 時間以上 9 時間未満	768 円	908 円	1,052 円	1,197 円	1,339 円

※　上記の他に加算部分、食費やオムツ代、その他の日常生活費が必要になる。

● 主な加算部分

加算名	概要	利用者負担額
入浴介助加算	入浴介助を行った場合	50 円
個別機能訓練加算	理学療法士などの配置、個別機能訓練計画作成などの要件によりⅠ、Ⅱに分かれている	Ⅰ　46 円 Ⅱ　56 円
認知症加算	認知症に関する研修などを修了するなど基準を充たした事業所が、日常生活自立度Ⅲ、Ⅳ、Mの利用者にサービスを提供した場合	60 円
サービス提供体制強化加算	有資格者割合や勤続年数などの人員配置基準の要件に応じて 3 種類に分かれている	6 円、12 円 18 円

通所リハビリテーション（1 日あたり）

● 基本部分（通常規模型　1 か月あたり延べ利用者 750 人以内で病院が行う場合）

提供時間	要介護 1	要介護 2	要介護 3	要介護 4	要介護 5
1 時間以上 2 時間未満	331 円	360 円	390 円	419 円	450 円
2 時間以上 3 時間未満	345 円	400 円	457 円	513 円	569 円
3 時間以上 4 時間未満	446 円	523 円	599 円	697 円	793 円
4 時間以上 5 時間未満	511 円	598 円	684 円	795 円	905 円
5 時間以上 6 時間未満	579 円	692 円	803 円	935 円	1,065 円
6 時間以上 7 時間未満	670 円	801 円	929 円	1,081 円	1,231 円
7 時間以上 8 時間未満	716 円	853 円	993 円	1,157 円	1,317 円

※　上記の他に加算部分、食費やオムツ代、その他の日常生活費が必要になる。

特定施設入居者生活介護（1 日あたり）

● 基本部分

要介護 1	要介護 2	要介護 3	要介護 4	要介護 5
536 円	602 円	671 円	735 円	804 円

※　外部サービス利用型は、1 日につき 82 円。
※　上記の他に加算部分、食費、滞在費、オムツ代、その他の日常生活費が必要になる。

● 基本部分（地域密着型（定員29名以下の場合））

要介護 1	要介護 2	要介護 3	要介護 4	要介護 5
535 円	601 円	670 円	734 円	802 円

※　上記の他に加算部分、食費、滞在費、オムツ代、その他の日常生活費が必要になる。

短期入所生活介護（1日あたり）

● 基本部分

居室の形態	要介護1	要介護2	要介護3	要介護4	要介護5
【単独型】					
従来型個室、多床室	627 円	695 円	765 円	833 円	900 円
ユニット型個室	725 円	792 円	866 円	933 円	1,000 円
【併設型】					
従来型個室、多床室	586 円	654 円	724 円	792 円	859 円
ユニット型個室	684 円	751 円	824 円	892 円	959 円

※ 上記の他に加算部分、食費、居住費、その他の日常生活費が必要になる。

短期入所療養介護（1日あたり）

● 基本部分（介護老人保健施設に併設の場合）

居室の形態	要介護1	要介護2	要介護3	要介護4	要介護5
【基本型】 ※1					
従来型個室	755 円	801 円	862 円	914 円	965 円
多床室	829 円	877 円	938 円	989 円	1,042 円
ユニット型個室	835 円	880 円	942 円	995 円	1,046 円
【在宅強化型】 ※2					
従来型個室	797 円	868 円	930 円	986 円	1,041 円
多床室	876 円	950 円	1,012 円	1,068 円	1,124 円
ユニット型個室	880 円	954 円	1,016 円	1,072 円	1,128 円
【療養型】 ※3					
従来型個室	781 円	862 円	975 円	1,051 円	1,126 円
多床室	858 円	940 円	1,054 円	1,130 円	1,204 円
ユニット型個室	943 円	1,024 円	1,138 円	1,214 円	1,288 円

※1、2 在宅復帰率、入所前後訪問指導割合、リハ専門職の配置割合、支援相談員の配置割合、要介護4
または5の割合、喀痰吸引の実施割合、経管栄養の実施割合などの「在宅復帰・在宅療養支援」の指標に
より、「基本型」と「在宅強化型」に分かれる。
※3 医療依存度が高い方が入居する。介護療養型医療施設の廃止方針により転換先として認められた施設。
※ 上記の他に加算部分、食費、居住費、その他の日常生活費が必要になる。

介護老人福祉施設（1日あたり）

● 基本部分

居室の形態	要介護1	要介護2	要介護3	要介護4	要介護5
従来型個室、多床室	559 円	627 円	697 円	765 円	832 円
ユニット型個室	638 円	705 円	778 円	846 円	913 円

※ 上記の他に加算部分、食費、居住費、その他の日常生活費が必要になる。

● 基本部分（地域密着型 定員29名以下の場合）

居室の形態	要介護1	要介護2	要介護3	要介護4	要介護5
従来型個室、多床室	567 円	636 円	706 円	776 円	843 円
ユニット型個室	646 円	714 円	787 円	857 円	925 円

※ 上記の他に加算部分、食費、居住費、その他の日常生活費が必要になる。

介護老人保健施設（1日あたり）

● 基本部分

居室の形態	要介護1	要介護2	要介護3	要介護4	要介護5
【基本型】 ※1					
従来型個室	701 円	746 円	808 円	860 円	911 円
多床室	775 円	823 円	884 円	935 円	989 円
ユニット型個室	781 円	826 円	888 円	941 円	993 円
【在宅強化型】 ※2					
従来型個室	742 円	814 円	876 円	932 円	988 円
多床室	822 円	896 円	959 円	1,015 円	1,070 円
ユニット型個室	826 円	900 円	962 円	1,019 円	1,074 円
【療養型】 ※3					
従来型個室	726 円	808 円	921 円	998 円	1,072 円
多床室	804 円	886 円	1,001 円	1,076 円	1,150 円
ユニット型個室	889 円	971 円	1,084 円	1,160 円	1,235 円

※1、2 在宅復帰率、入所前後訪問指導割合、リハ専門職の配置割合、支援相談員の配置割合、要介護4
または5の割合、喀痰吸引の実施割合、経管栄養の実施割合などの「在宅復帰・在宅療養支援」の指標に
より、「基本型」と「在宅強化型」に分かれる。
※3 医療依存度が高い方が入所する。介護療養型医療施設の廃止方針により転換先として認められた施設。
※ 上記の他に加算部分、食費、居住費、その他の日常生活費が必要になる。

● 介護老人福祉施設と介護老人保健施設の主な加算部分（1日あたり）

加算名	概要	利用者負担額
栄養マネジメント加算	管理栄養士によって、栄養計画の作成・記録が行われている場合	14円
療養食加算	入居者の年齢や心身の状況によって、適切な栄養管理や療養食を提供した場合	最大18円
認知症専門ケア加算	認知症に関する専門的な研修を終了した者が一定の基準を満たす事業所で介護を行う場合	Ⅰ　3円 Ⅱ　4円

認知症対応型通所介護（1日あたり）

● 基本部分（特別養護老人ホームなどに併設している場合）

提供時間	要介護1	要介護2	要介護3	要介護4	要介護5
3時間以上4時間未満	489円	538円	586円	636円	685円
4時間以上5時間未満	512円	563円	615円	666円	717円
5時間以上6時間未満	767円	849円	931円	1,011円	1,094円
6時間以上7時間未満	786円	871円	955円	1,037円	1,122円
7時間以上8時間未満	889円	984円	1,081円	1,177円	1,272円
8時間以上9時間未満	917円	1,015円	1,115円	1,215円	1,314円

※　上記の他に加算部分、食費やオムツ代、その他の日常生活費が必要になる。

認知症対応型共同生活介護（1日あたり）

● 基本部分

	要介護1	要介護2	要介護3	要介護4	要介護5
ユニットが1つの事業所	761円	797円	820円	837円	854円
ユニットが2つ以上	749円	784円	808円	824円	840円

※　ユニットは、共同生活住居のことで、5〜9人の家庭的な雰囲気の中で生活する。
※　上記の他に加算部分、食費、滞在費、オムツ代、その他の日常生活費が必要になる。

小規模多機能型居宅介護（1か月あたり）

● 基本部分

	要介護1	要介護2	要介護3	要介護4	要介護5
同一建物に居住する者以外の者に対して行う場合	10,364円	15,232円	22,157円	24,454円	26,964円
同一建物に居住する者に対して行う場合	9,338円	13,724円	19,963円	22,033円	24,295円

※ 上記の他に加算部分、食費、滞在費、オムツ代、その他の日常生活費が必要になる。

夜間対応型訪問介護

● 基本部分

	利用者負担額
基本利用料	（1か月あたり） 1,013円
定期巡回サービス	（1回あたり） 379円
随時訪問サービス（訪問介護員1名の場合）	（1回あたり） 578円
随時訪問サービス（訪問介護員2名の場合）	（1回あたり） 778円

※ 上記の他に加算部分の料金が必要になる。

定期巡回・随時対応型訪問介護看護（1か月あたり）

● 基本部分（一体型の場合）

	要介護1	要介護2	要介護3	要介護4	要介護5
訪問看護サービスを行わない場合	5,680円	10,138円	16,833円	21,293円	25,752円
訪問看護サービスを行う場合	8,287円	12,946円	19,762円	24,361円	29,512円

※ 上記の他に加算部分の料金が必要になる。

　ここでは、加算の中でもとくに重要な介護職員の処遇改善加算について掲載しています。2019年10月からは、既存の介護職員処遇改善加算に加えて、介護職員等特定処遇改善加算が新設されました。

介護職員処遇改善加算（既存）と介護職員等特定処遇改善加算（新設）のイメージ

【既存加算の算定要件】
①キャリアパス要件Ⅰ…介護職員の役職や職務内容に応じた賃金体系の整備をしていること
②キャリアパス要件Ⅱ…介護職員のスキルアップのための研修や資格取得のための福利厚生等の整備をしていること
③キャリアパス要件Ⅲ…介護職員が公平に評価されるよう、経験年数や資格に応じた昇給制度の整備をしていること
④職場環境等要件…賃金以外の職場環境改善に対する取組みを整備していること

処遇改善加算の加算率

サービス区分 （介護予防含む）	既存					新設	
	加算Ⅰ	加算Ⅱ	加算Ⅲ	加算Ⅳ	加算Ⅴ	新加算Ⅰ	新加算Ⅱ
訪問介護、 夜間対応型訪問介護、 定期巡回随時対応型訪問 介護看護	13.7%	10.0%	5.5%	加算Ⅱの 90/100	加算Ⅱの 80/100	6.3%	4.2%
通所介護、 地域密着型通所介護	5.9%	4.3%	2.3%			1.2%	1.0%
認知症対応型共同生活介護	11.1%	8.1%	4.5%			3.1%	2.3%
介護老人福祉施設、 短期入所生活介護	8.3%	6.0%	3.3%			2.7%	2.3%

※　自己負担額は、１か月に利用した単位数の合計に該当する加算率を掛けて算出する。

利用者・事業者必携！
介護保険サービスのしくみ

2020 年 3 月 19 日　第 1 刷発行

編　者　　デイリー法学選書編修委員会
発行者　　株式会社　三省堂　代表者　北口克彦
印刷者　　三省堂印刷株式会社
発行所　　株式会社　三省堂
　　　　　〒 101-8371　東京都千代田区神田三崎町二丁目 22 番 14 号
　　　　　電話　編集 (03) 3230-9411　営業 (03) 3230-9412
　　　　　https://www.sanseido.co.jp/
〈DHS 介護保険サービス・192pp.〉

ISBN978-4-385-32521-7